Naturaleza criminal del Opus Dei

José Ramón Martínez Robles

ISBN-13: 978-9163918988
ISBN-10: 9163918986

TERCERA EDICIÓN

DEDICACIÓN

Este libro lo dedico a mi padre que en paz descanse.

J.R Martínez

Índice

"El propósito de los medios masivos no es informar, es dar forma a la opinión pública según los intereses del poder"

Noam Chomsky

"No existe tiranía peor que la ejercida a la sombra de las leyes y con apariencias de justicia"

Charles-Louis de Secondat Montesquieu

"En una época de engaño universal, decir la verdad es un acto revolucionario"

George Orwell

EXPRESIONES DE GRATITUD

Agradezco el apoyo que he recibido de Juan Antonio Aguilar quién me sugirió la idea de escribir este libro, y también deseo expresar mi gratitud a Horacio Roldán quien me ofreció su valiosa y desinteresada ayuda durante los años más difíciles de mi vida.

Prólogo del autor

El presente libro es una recopilación de artículos que escribí en su mayor parte entre abril del año 2009 y marzo del 2012, y que con posterioridad los publiqué principalmente a lo largo del año 2015 en periódicos digitales como elespiadigital.com y kaosenlared.net. Estos artículos los he revisado, actualizado y adaptado para su publicación impresa entre diciembre del 2015 y enero del 2016.

La diferencia entre el presente libro y la mayoría de las publicaciones que he leído sobre el Opus Dei, o de las que he tenido referencia, es que el contenido de este libro está enfocado desde un punto de vista penal, documentando numerosas evidencias que muestran la naturaleza criminal de esta secta. Me llama la atención la suavidad con la que se critica a "la Obra" en la mayoría de los medios a pesar de existir constancia de que sus miembros actúan con una crueldad y frialdad espeluznante para conseguir sus fines, que en su esencia son fundamentalmente económicos. Por solo poner algunos ejemplos, las muertes producidas por fraudes al dinero público a costa de omitir los gastos en seguridad (tragedia del YAK-42, metro de Valencia, etc.) o las muertes de ancianos, rodeados en todo momento por miembros de la secta, que dejan como herederas a fundaciones "sin ánimo de lucro" (que pertenecen al Opus) en circunstancias anómalas.

El momento histórico en el que se escribe este libro se sitúa entre los gobiernos del PP-PSOE entre los años 2009 al 2015 y aunque la intención es informar a los ciudadanos contemporáneos, también puede ser una buena fuente de información para las generaciones venideras a causa de la gran cantidad de artículos y publicaciones que se incluyen para documentar cada capítulo y que reflejan una situación insostenible.

La veracidad de las fuentes, aunque siempre pueda existir algún tipo de duda, en mi opinión son aceptables si se tiene en cuenta que el Opus Dei no dudaría en utilizar su poderoso aparato "legal" de abogados y jueces afines, contra medios de comunicación que publicasen falsedades sobre ellos. De esta forma se garantiza que los periódicos tengan unas fuentes fidedignas si es que la información que publican pudiese dañar la imagen del Opus Dei.

Una fuente importante de documentación es la web opuslibros.org. Es una web seria y sus publicaciones, en mi opinión, tienen credibilidad. Pero llama la atención que, siendo tan ávidos en captar todo tipo de publicaciones sobre el Opus Dei, hayan hecho un silencio tan rotundo sobre mis publicaciones, lo que ha causado extrañeza en algunos. La razón puede ser por distintas causas. Por un lado, la mayoría de los que administran la web son ex-miembros del Opus y tienen el denominador común de conservar su fe, a pesar de haber sido engañados y desplumados en muchos casos gracias a esta virtud. Mi condición de no creyente, que se aprecia en mi forma de ver las cosas, puede ser la causa de las reticencias hacia mis escritos.

Tampoco descarto la posibilidad de que les asuste lo que denuncio sobre la existencia y utilización ilegal de tecnologías basadas en neuro-ciencias. Para un creyente debe de ser difícil aceptar que eso de naturaleza divina que llaman "alma", pueda quedar reducido al mero producto de la fisiología del sistema nervioso, que se traduce en sensaciones cuya base material es el cerebro.

Los testimonios de los ex-miembros del Opus son valiosos, pero hay que tener en cuenta que su visión del Opus Dei está limitada por la falta de información como consecuencia de un control absoluto sobre lo que podían leer o ver mientras pertenecían a la Obra, también por la distorsión de la percepción que ocasionan las tensiones psíquicas y los engaños a los que someten a sus miembros, y que desembocan en muchos casos en problemas psíquicos, depresiones, etc.

También es notable que la mayoría de la bibliografía sobre el Opus Dei esté escrita por creyentes. Por poner un ejemplo, según la fundación estadounidense "The Opus Dei Awareness Network, Inc." (ODAN) el libro que mejor critica al Opus es la obra de Michael Walsh "El mundo secreto del Opus Dei", pero aunque aporta datos importantes sobre el Opus Dei, su autor que es un ex-jesuita, o al menos eso es lo que escribe de sí mismo, no puede ocultar su pertenencia a la Iglesia y que su crítica en realidad no es demasiado más dura de la que podría hacer sobre su propia orden jesuítica, si dedicase una crítica al documento Mónita Secreta o Instrucciones reservadas de los jesuitas.

El presente libro abarca la naturaleza criminal del Opus Dei desde distintos aspectos que en conjunto ofrecen, en mi opinión, una visión global suficientemente amplia sobre el alcance de la peligrosidad social de esta secta, que en contra de lo que con frecuencia los medios de comunicación pretenden hacer creer, calificándola en el peor de los casos de "polémica", se trata de una organización criminal extremadamente poderosa que, gracias precisamente a su poder, consigue pasar desapercibida para la mayoría mediante el control que ejerce sobre los medios de comunicación.

Desviar la atención es una argucia típica para

distraer a la sociedad de lo que realmente es importante. En mi opinión, incluso cuando se discute si el Opus Dei es una secta o no, se está desviando la atención, porque lo im-portante no son sus creencias o posibles conductas sectarias, sino sus conductas delictivas tipificadas en el Código Penal y por lo tanto punibles (estafas, coacciones, uso ilegal de la medicina, prevaricaciones, etc.). Pero como se verá con la lectura de este libro, su control sobre el Poder Judicial y el Ministerio Fiscal les permite una total impunidad ante la impotencia de la sociedad, en gran medida motivada por la ignorancia general.

A causa del secretismo del Opus se puede entender que la documentación aportada en este libro es, probablemente, tan solo la punta de un iceberg. Pero con lo que se documenta, ya hay suficiente material para que el Ministerio Fiscal, en defensa de la legalidad, actuase de oficio contra los numerosos delitos de esta secta, empezando por sus enormes riquezas que adquieren en muchos casos bajo tapaderas de fundaciones "sin ánimo de lucro" eludiendo así el pago de impuestos, como de los numerosos delitos contra la integridad y seguridad de las personas, etc.

En los capítulos V, XII, XIII y XVIII incluyo entre la información aportada mi testimonio sobre mis propias vivencias como víctima. Estas vivencias enriquecen el compendio de testimonios de las muchas víctimas que, en casos como el mío, aportan pruebas documentadas sobre actuaciones delictivas de afines a la Obra. Por ejemplo, el informe del fiscal Torres-Dulce que afirma que no hay indicios de delito en un caso donde mediante una providencia y un certificado de domicilio de contenido falso, (todo demostrado en el proceso de antejuicio 1260/90 del TSJA) para darle aparente competencia a un juez del Opus, se autorizó un internamiento forzoso en un centro psiquiátrico. Este informe lo dio Torres-Dulce en relación sobre la sostenibilidad de mi petición de Recurso de Amparo ante el Tribunal Constitucional, después de haber agotado todas las instancias gracias a las prevaricaciones de cuantos jueces y fiscales actuaron en el procedimiento.

Por último, aclarar que la mayoría de las fuentes referidas en este libro son publicaciones digitales disponibles en Internet. Para los interesados en profundizar sobre la información referida en cada capítulo, pueden obtener los enlaces de Internet en las últimas páginas de este libro, en la Bibliografía. Son fáciles de encontrar puesto que están ordenadas en orden alfabético. Si el lector encuentra en un capítulo una referencia a una fuente de su interés, solo tiene que ir a la sección de publicaciones digitales en la Bibliografía al final del libro, y buscar por la primera palabra con la que empieza la referencia a la fuente. También hay enlaces a documentos disponibles en Internet.

Espero que mi trabajo sea de utilidad al lector y que la información sea la prioridad a tener en cuenta en el contenido de este libro.

José Ramón Martínez Robles
Estocolmo a 4 de enero de 2016

I- *EL OPUS DEI COMO LOBBY INTERNACIONAL*

Es evidente que el mundo occidental está gobernado por lobbies de poder, es decir, colectivos con intereses comunes que realizan acciones dirigidas a influir la Administración Pública para favorecer sus intereses. En España, puede considerarse formalmente que los socios del Opus Dei constituyen un lobby que ha llegado a controlar el Estado por medio de su partido el PP [1]. Pero en el contexto de la "globalización" de los países dentro del ámbito de influencia de EEUU, algunos de estos lobbies[2] hace tiempo que traspasaron las barreras geográficas nacionales convirtiéndose en auténticos lobbies de poder a nivel internacional.

Voy a intentar exponer de la forma más clara posible, como el Opus Dei se ha llegado a convertir en uno de los lobbies de mayor peso dentro del mundo occidental.

Tras la guerra civil española, el régimen de Franco sufrió un aislamiento que asfixiaba al país. Aunque en un principio recibió una valiosa ayuda del gobierno argentino

1

de Perón, que le proporcionó alimentos a una población que moría de hambre, esta ayuda duró poco, y fue la intercesión de ciertos lobbies de EEUU, especialmente católicos, la causa por la que la gran potencia vencedora decidió ayudar a la España franquista con alimentos y material, a cambio de instalar bases militares en nuestro país y una incondicional alineación geoestratégica por medio de sucesivos convenios de "defensa mutua" (Espadas, 1987).

Las negociaciones de los convenios cambiaron cuando el miembro del Opus Dei, López Bravo, fue nombrado en 1969 Ministro de Exteriores, a pesar de que, en 1968, siendo Ministro de Industria, había estado implicado en el mayor escándalo financiero conocido en España hasta entonces, el caso Matesa[3]. Según el Profesor de Investigación del CSIC, Espadas Burgos, en su obra Franquismo y política exterior[4], Franco le dio este cargo de tan vital importancia para el régimen, para no dar imagen de debilidad ante el exterior, pero el hecho de dar semejante puesto a un político salpicado por corrupción, es algo que en mi opinión no se puede explicar con tanta sencillez. Lo cierto es que, a partir de este ministro, los convenios que hasta entonces se reducían básicamente a defensa, se ampliaron a "acciones de cooperación educativa, cultural, desarrollo económico, urbanismo y medios de comunicación" (Espadas, 1987:243). Estos nuevos convenios fueron claves para abrir las puertas en EEUU al Opus Dei, si se tiene en cuenta que el ministro responsable de los intereses de España en el exterior, era un miembro de esta secta. Su expansión es evidente si se consultan las fuentes de ODAN[5].

El éxito del Opus Dei en EEUU probablemente sea a

causa de su fundamentalismo, que aunque pueda parecer una paradoja en un país que desde sus comienzos ha alardeado de dar supremacía a valores como "democracia" o "libertad", no lo es tanto, si se tienen en cuenta las observaciones del antropólogo social Harold R. Kerbo, en su tratado Estratificación Social y Desigualdad [6], donde la peligrosa tensión social creada por una desigualdad extrema entre las clases trabajadoras y las privilegiadas, fue atenuada por medio de la Iglesia durante la Edad Media. Interesante este texto "Era con el párroco con quien se podía contar para hacer seguir los mandatos de la jerarquía de la Iglesia y asegurarse de que el pueblo llano los acatara" (Ladurie, 1978:11).

De esta forma se puede entender la utilidad extrema de esta secta para los intereses de ciertos lobbies neoliberales de USA en Latinoamérica, donde la amenaza de la teología de la liberación contrastaba con la Iglesia oficial del Vaticano, claramente reaccionaria y representada por el Opus Dei[7]. También es notable el papel fundamental del Opus Dei en la "Santa Alianza" [8] y en especial, la ayuda al movimiento polaco Solidaridad[9]. Todo apunta a que el Opus Dei es una llave para el control del Vaticano que, en mi opinión, es usada por ciertos lobbies de EEUU como un arma de control geopolítico.

Pero el poder que persiguen los lobbies es fundamentalmente económico, y las pruebas de que el Opus Dei anda entre estos lobbies son, entre otras, que Lord Brian Griffiths of Fforestfach, un ex vicepresidente de Goldman Sachs International gigante financiero con condenas por estafa, es profesor del Opus Dei, y el Ministro De Guindos que también es del Opus Dei[10], fue nombrado miembro del Consejo Asesor del banco de inversión *Lehman Brothers* para sus actividades en Europa.

Sobre Lehman Brothers, es interesante mencionar, que una compañía financiera tan antigua (fundada en 1850) que había resistido una guerra civil, la crisis bancaria del 1907, que también sobrevivió a la crisis económica en Estados Unidos conocida como el Crack de 1929, superó los escándalos en el trading de bonos, y a los colapsos en Hedge Funds, no haya superado la crisis subprime de 2008. No podría decir si es casualidad o muy mala suerte, que el opusino De Guindos fuese nombrado miembro del Consejo Asesor en 2004, tan solo 4 años antes de la quiebra del gigante financiero. Pero la historia de fraudes financieros del Opus Dei [11] está muy bien documentada, como también su flagrante impunidad.

No se puede afirmar, según los datos aportados, que el Opus Dei sea a nivel internacional el lobby financiero responsable de la crisis actual, pero sí parece evidente que está implicado y debe de tener acuerdos con esos lobbies opacos que pretenden manejar la economía occidental por encima de los gobiernos y la democracia. Llama la atención que, en Europa, los gobiernos traicionen [12] los intereses de sus respectivos países en beneficio de las mafias financieras que representan esos lobbies opacos. En Europa, Grecia, tras sufrir en extremo las consecuencias del saqueo que han realizado los especuladores y corruptos, el pueblo griego ha conseguido vencer el engaño al que estaban sometidos por medio del control de los medios de comunicación, pero a pesar de esto no ha conseguido vencer el chantaje impuesto por la Troika [13].

El denominador común de los países dominados por el neoliberalismo, es que los respectivos gobiernos se niegan a tomar medidas efectivas contra los paraísos fiscales, al mismo tiempo que se albergan inmensas fortunas en estos "paraísos" procedentes de los países en "crisis" con gobierno neoliberal. En el caso concreto de España, se conoce que países como Luxemburgo [14], Suiza [15], Liechtenstein [16], etc. son el destino de la evasión de capital de muchos delincuentes económicos, pero también es sabido que el PP (brazo político del Opus) se niega a investigar [17] y obstruye en lo posible las investigaciones de delincuencia económica [18], cuando los implicados son de los "suyos".

Lo que está pasando en Europa, ya ha pasado de forma muy similar en otros países. Se recomienda ver el documental "Memoria del Saqueo" [19] donde se describe un proceso por el que políticos corruptos en colaboración con lobbies internacionales asolaron Argentina. En definitiva, un saqueo muy similar al que se está llevando a cabo en España, y no cabe duda que el Opus Dei, como lobby interesado en controlar el poder, está colaborando con otras mafias financieras a nivel internacional que algunos confunden con los intereses de EEUU, cosa que yo pongo en duda, porque según datos aportados por Harold R. Kerbo [20], la sociedad estadounidense está sufriendo un proceso de pobreza donde "la inmensa mayoría de los pobres vive en familias donde el cabeza de familia trabaja a tiempo completo (40 horas semanales durante todo el año)" (Kerbo, 2004:272). Estos trabajadores ganan por debajo de lo que las mismas autoridades estadounidenses consideran por debajo del índice de la pobreza.

Una de las estrategias que emplea el Opus para captar adeptos "relevantes" para aumentar su poder e influencia, es por medio de residencias de estudiantes que tienen distribuidas por todo el mundo occidental en las cercanías de universidades e institutos de prestigio. En USA tienen centros junto a las elitistas universidades de Princeton, Verkeley, Harvard, Georgetown y Columbia. La presencia del Opus Dei como lobby en EEUU se confirma con el siguiente texto: "En K Street, la calle financiera de Washington DC se reúnen diariamente 70 burócratas, diplomáticos, políticos y juristas para celebrar la misa en una capilla que perteneció al fundador del Opus Dei" [21].

Pero su presencia no se limita a los medios políticos y financieros de EEUU y España. En el capítulo VII de la obra de Michael Walsh "El mundo secreto del Opus Dei" [22], se denuncia su relación con golpes militares en Latinoamérica, que el Opus Dei había recibido fondos de fundaciones conservadoras estadounidenses, etc. El solo hecho de que Seamus Timoney, miembro del Opus, haya actuado como consejero tanto para el Ministerio de Defensa en Londres, como para el Pentágono en Washington, da una idea de hasta qué punto el Opus está infiltrado en los gobiernos de EEUU y el Reino Unido.

Para comprender su influencia en la Unión Europea, basta saber que el Opus creó en Estrasburgo la Academia Europea [23] que se presenta como "un centro de formación de cuadros directivos y futuros cuadros directivos y políticos europeos". De esta forma se podría explicar por qué los políticos profesionales europeos, actúan en secreto, en contra de los intereses de la sociedad [24].

En mi opinión, con lo ya expuesto, y consultando las fuentes aportadas a libros, publicaciones y documentales, se puede entender mejor hasta dónde llega el poder real del Opus Dei como lobby a nivel internacional.

1- Martínez, Ramón. (2015) "El Opus Dei y el PP". elespiadigital.com
2- Cancela, Ekaitz. (2015) "¿Qué lobbies manejan los hilos del TTIP?" attac.es
3- Azanza, Ana. (2006) "El escándalo Matesa. Agosto de 1969" opulibros.org
4- Espadas Burgos, Manuel. (1988) Franquismo y política exterior. Madrid: Rialp
5- Opus Dei Awareness Network, Inc. (ODAN) odan.org
6- Harold R, Kerbo. (2003) Estratificación social y desigualdad. Madrid: MCGRAW-HILL
7- Ynfante, Jesús. (2004) La cara oculta del Vaticano. Madrid: Foca
8- Frattini, Eric. (2006) La Santa Alianza, cinco siglos de espionaje vaticano. Barcelona: ESPASA
9- D´atri, Andrea. (2005) "El final de un cruzado anticomunista y conservador". Rebelion.org
10- Basante, Jesús. (2015) "El Opus Dei es una prisión". El Diario
11- Azanza, Ana. (2008) "Las financias ocultas del Opus Dei". Opuslibros.org
12- Rada, Javier. (2015) "TTIP: El tratado secreto que negocian EEUU y Europa". 20minutos.es
13- Gil, Andrés. (2015) "El acuerdo entre Grecia y la troika fue un chantaje, pero no teníamos alternativa". eldiario.es
14- Vélez, Antonio. (2014) "Luxemburgo, refugio fiscal para grandes fortunas españolas y empresas del Ibex". eldiario.es
15- Águeda, Pedro. (2013) "Falciani cifra en 200.000 millones el dinero que se evade en impuestos". eldiario.es
16- ElEconomista.es 15/07/2008. Operación contra el blanqueo de capitales por evadir 200 millones a Liechtenstein
17- EFE. 25/11/2012 "El PP impidió la creación de una subcomisión sobre paraísos fiscales". Publico.es
18- Martínez, Ramón. (2015) "Opus Dei y saqueo de bienes públicos". elespiadigital.com
19- Memoria del saqueo. (2003) Película documental. Dirigida por Pino Solanas. Argentina: Cinesur S.A
20- Harold R, Kerbo. (2003) Estratificación social y desigualdad. Madrid:. MCGRAW-HILL
21- K. Bore, Bjørn. (2004) "Dinero, disciplinas y Papa". Revista Dagbladet
22- Walsh, Michael. (1990) El mundo secreto del Opus Dei. Barcelona: Plaza & Janés
23- Castellanos, Gema. (2002) "Las garras de la Secta". opuslibros.org
24- Caño, Xavier. (2015) "Otro tratado en secreto, pero más peligroso que el TTIP". attacmallorca.es

II- *OPUS DEI Y MEDIOS DE COMUNICACIÓN*

Un medio importante de controlar a la sociedad es, sin duda, controlar los medios de comunicación. Se sabe que el fundador del Opus solía decir: "tenemos que envolver el mundo en papel de periódico" [1], demostrando de esta forma un interés especial por el control social, y por su forma de expresarse, parece que sus ambiciones abarcaban mucho más que el ámbito nacional.

Según los datos aportados por el propio Opus Dei, cuentan con más de 500 colegios y universidades, medio centenar de emisoras de radio, 12 productoras de cine y televisión, 12 editoriales, 604 periódicos y revistas y 38 agencias de información. Pero teniendo en cuenta el secretismo y falta de transparencia de esta secta, es presumible que el control de medios de comunicación sea aún mucho mayor. Lo cierto, es que se sabe que también controlan medios públicos, especialmente donde gobierna el PP, su brazo político, como se ha visto en Telemadrid, y en la actualidad cada vez son más las denuncias sobre la actuación sectaria de TVE [2].

Llama la atención la falta de información sobre las actividades delictivas del Opus en medios como TVE, y en general en los medios de gran alcance social, aunque, afortunadamente, en ocasiones se filtran en algún medio noticias que denuncian alguna de sus fechorías, como un caso en Cantabria en el que se denunciaba que el Opus robaba el dinero de los libros a los niños de familias sin recursos [3], hecho que muestra su falta de escrúpulos para conseguir dinero.

Lo que es evidente, es que tienen suficiente influencia sobre los medios de comunicación para derribar a sus oponentes difundiendo calumnias que quedan impunes, como ha sido el caso del acoso al Juez Garzón [4] o el acoso a J. Carlos Monedero [5]. En cambio, los numerosos delitos de esta secta y que son de dominio público, no parecen tener tanto "eco" a pesar de ser muchos de ellos de una gravedad intolerable [6].

Pero las noticias que se filtran a veces sobre el Opus Dei, solo son, a mi entender, la punta de un iceberg. Mi propia experiencia me demostró que cuando se trata del Opus Dei, los medios son muy reacios a publicar noticias que pudiesen perjudicar a esta secta. En mi caso, acudí a los medios más importantes de prensa y televisión con una insistencia que duró décadas. Y aunque algunos redactores mostraron interés por las pruebas documentadas [7] que demostraban delitos graves por parte de un juez del Opus, nunca llegaron a publicar nada. Entonces comprendí, que si lo que yo podía demostrar no era noticia de interés público, el Opus debía de dictar en lugar lo que debiese interesar a la sociedad. Empresa que no le es difícil llevar a cabo gracias a sus numerosas agencias de información como Europa Press [8], que difunden noticias de las que se nutren la mayor parte de los medios de comunicación en España.

Tratándose de una secta peligrosa que muestra una voracidad por el dinero ajeno difícil de entender para la gente común, no es extraño que sea de vital importancia para su supervivencia permanecer en la oscuridad, especialmente si sus "socios" han tenido durante décadas acceso al dinero público, y desgraciadamente lo siguen teniendo.

El resultado de tener al Opus Dei en cargos que le permiten acceso al dinero del Estado, es un descomunal saqueo de los bienes públicos sin precedentes en la historia de España, con la peculiaridad de pedir prestado (rescates) para seguir saqueando, dejando así una deuda impagable [9] a las generaciones venideras. Por la forma tan despiadada que están asolando el país, se diría que son los peores enemigos de España. Pero su desvergüenza llega hasta el punto de difundir con su poderoso aparato propagandístico que son los "defensores de España", mientras ocultan su dinero ilegal en paraísos fiscales y su opusino ministro Montoro "trabaja" para conseguir la impunidad de "los suyos" [10], de esos que han tenido la "mala suerte" de estar incluidos en las listas de Falciani [11]. Su colaboración para conseguir la impunidad en delincuencia económica los delata como criminales, y esta actitud de obstaculizar las investigaciones la denuncia el ex-fiscal anticorrupción, Carlos Jiménez Villarejo, en un programa de radio [12] explicando la grave situación que vive el país.

Otras muestras del control que ejerce el Opus Dei sobre los medios de comunicación son, por ejemplo, los modos en que se da protagonismo a otros movimientos católicos como los Kikos o los Legionarios de Cristo, mientras se silencia la relevancia del Opus. Intentan hacer creer, y parece que lo consiguen, que estos nuevos movimientos tienen más poder que el Opus, cuando lo cierto, es que ninguno de ellos ha tenido el monopolio de los ministerios en ningún gobierno como lo ha tenido el Opus Dei, y por la forma en que esta secta se aferra a sus víctimas (especialmente si hay dinero por medio) [13] sería una gran ingenuidad pensar que, después de haber tenido la hegemonía en gobiernos sucesivos de Franco, iban a dejar escapar el poder y el acceso a los bienes públicos tan fácilmente.

Para comprender mejor el toreo que esta secta ha llevado y está llevando a cabo a través de los medios de comunicación, basta reflexionar sobre el bipartidismo PP-PSOE. Si se tiene en cuenta que en los informativos se sigue ese hipócrita teatro donde el PP-PSOE aparentan ser rivales, cuando en realidad, en lo sustancial, su práctica de gobierno es muy parecida: privilegios a la Iglesia [14], protección con fondos públicos de las pérdidas bancarias [15], intervenciones militares en el extranjero "humanitarias", brutales recortes en la sanidad, educación, pensiones, etc. [16]. Los medios de comunicación muestran una falta de trasparencia que permite dar una imagen falsa de la realidad que claramente beneficia al Opus. La maniobra, al parecer, consiste en tener siempre el poder, aunque la sociedad elija la izquierda, pero manipulando los medios de comunicación dar la imagen de que la derecha es más honesta que la izquierda, y convencer de esta forma a la sociedad de elegir la derecha, dándole así "legitimidad" para abusar a placer sin que transcienda a los medios que son manipulados. Tener un gobierno de izquierdas, supone para el Opus la incómoda situación de mantener su impunidad y privilegios en una sociedad que exige un cambio por medio de sus representantes.

La afición del Opus Dei por el "teatro" como instrumento de engaño a la sociedad, es algo que viene desde los tiempos de Franco. Hay referencias documentadas de que el bipartidismo se comenzó a fraguar en una reunión [17] en 1966, cuando el Opus aún no tenía el monopolio de los ministerios, y que por los asistentes está clara su presencia.

Además, participó quien entonces era príncipe heredero que se sabe tenía un preceptor del Opus Dei [18]. La estrategia del bipartidismo, era estar siempre en el poder independientemente del partido que gobernara. Para conseguir esto se puede entender que tuviesen que "fabricar" una imagen de "izquierdas" o "democrática" en algunos de los miembros de la secta antidemocrática. Según el historiador Ricardo de la Cierva: *"La equiparación de miembros del Opus Dei en el poder de Franco y en la oposición es falsa. Estaban en su inmensa mayoría con el poder; iniciaron una corriente de oposición muy minoritaria entre ellos mismos ya muy al final del régimen, por medio del profesor Calvo Serer, que durante décadas había sido un ardiente partidario de Franco y su régimen, hasta el punto de entregar a Franco, "abierta al vapor" según testimonio de Carrero Blanco, una carta de don Juan de Borbón portada por el propio Calvo Serer a un colaborador de don Juan en España"* [19].

El "teatro" consiste en que miembros de una secta autoritaria y practicante de la censura por excelencia [20], como es el Opus Dei, se dediquen a representar el papel de luchadores por la "democracia" y la "libertad de expresión", como fue el caso de Antonio Fontán, primer presidente del senado de la "democracia" española. Con esta maniobra se explica que miembros del Opus entraran por la puerta grande en el PSOE, y que tantos dirigentes "socialistas" fuesen abiertamente católicos (Francisco Vázquez, José Bono, Blanco López, etc.) a pesar de pertenecer a un partido donde la base luchaba por una sociedad laica.

Ludolfo Paramio, es un típico ejemplo de un dirigente del PSOE con "raíces" opusinas y que es denunciado por un periódico de izquierdas. En La Voz del Sandinismo [21] escribieron lo siguiente de él: "*El pontificador Paramio, de la derecha socialdemócrata; vale decir del fascismo español que gusta llamarse socialista*". Otro ejemplo "progresista" con raíces opusinas es el "ciudadano Varela" [22], magistrado del Tribunal Supremo. Este magistrado, constaba como uno de los que formaban el grupo minoritario de "jueces progresistas" propuestos por el PSOE, y que es conocido como el juez que instruyó de forma anómala el proceso penal contra el Juez Baltasar Garzón [23].

El "teatro" más reciente, en abril del 2015, ha sido la detención del ex vicepresidente económico del Gobierno durante los mandatos de José María Aznar, Rodrigo Rato, que muchos coinciden en ver la detención como una "farsa", una representación que no engaña como ellos quisieran porque se está viendo la finalidad de dar la imagen de transparencia, cuando se sabe que, estando puestos a dedo los miembros del Consejo General del Poder Judicial por el PP-PSOE [24], la impunidad de "los suyos" es algo que viene siendo la norma. Además, muy lejos de ofrecer una imagen de honestidad, no han podido ocultar como se resisten hasta la evidencia defendiendo a sus miembros imputados [25], en lugar de dimitir ante el menor indicio de corrupción.

Por todo lo expuesto, me atrevo a concluir, que los intereses que puede tener el Opus Dei por controlar los medios de comunicación son entre otros:

* Ocultar su verdadero poder ante el peligro que supone para España tener en puestos claves del Estado a una secta

que antepone sus intereses a los intereses del Estado[26].

* Ocultar sus delitos y naturaleza criminal [27] de forma que la sociedad solo conozca la versión que ellos dan de sí mismos de "buscar la santidad en el trabajo".

* Hacer creer a la sociedad mediante montajes teatrales que vive en una "democracia" representativa donde los ciudadanos realmente pueden escoger.

* Impedir que ciertas informaciones que puedan comprometerles sean conocidas o tengan credibilidad entre la población [28].

* Derribar a sus oponentes mediante la difusión de calumnias [29].

* Hacer prevalecer la versión que ellos dan de su saqueo a España inventándose "razones" como una "crisis" causada por mercados de los que ellos son parte [30], sin informar que están dando prioridad a pagar con dinero público una deuda ilegítima contraída con unos acreedores que son cómplices del fraude.

* Ocultar la falacia que supone la justicia española donde el Poder Judicial está controlado por el Opus Dei, impidiendo así su persecución legal e intimidando a los jueces que no pertenecen a la secta [31].

* Conseguir el Gobierno gracias a las mentiras difundidas por su poderoso aparato de medios de comunicación haciendo creer a buena parte de la población en sus falsas promesas.

1- Casas, José. (2002) "Las redes del Opus". Revista AUSBANC. Sept. 2002.

2- Padrón, Silvia. (2014) "1.500 trabajadores de TVE acusan a la dirección de manipulación informativa". Cuartopoder.es

3- AGENCIAS. (2012) "El Opus Dei se lleva el dinero para la ayuda a la compra de libros de texto". aquiconfidencial.es

4- Vázquez, Ángeles. (2012) "Marchena acusa por cohecho a Garzón mientras delibera si lo condena por la 'Gürtel'". publico.es

5- Nueva tribuna. (2012) "Monedero denuncia al ministro Montoro por un posible delito de revelación de secretos". nuevatribuna.es

6- Sánchez, Cristina. (2014) "La cuarta planta de la Clínica Universitaria del Opus en Navarra bajo sospecha". elespiadigital.com

7- Martínez, Ramón. (2015) "Opus Dei y Poder Judicial". elespiadigital.com

8- Walsh, Michael. (1990) El mundo secreto del Opus Dei. Barcelona: Plaza & Janés

9- Lago, Manuel. (2014) "La deuda pública española es impagable". lavozdegalicia.es

10- Escolar, Ignacio. (2015) "Cinco datos sobre la amnistía fiscal de Montoro que te van a cabrear". eldiario.es

11- Águeda, Pedro. (2013) "Falciani cifra en 200.000 millones el dinero que se evade en impuestos". eldiario.es

12- El Estado a los pies de la mafia. (2012) Programa de la Cadena Ser "La Ventana" de Juanjo Millás con el ex fiscal anticorrupción Carlos Jiménez Villarejo

13- Martínez, Ramón. (2015) "El Opus Dei y los acosos". elespiadigital.com

14- Ruíz, Mar. (2015) "Se buscan 50 diputados para frenar el expolio inmobiliario de la Iglesia". laicismo.org

15- Noticias (2015) "España expoliada: El Estado da por perdidos 40.000 millones de euros del rescate de las cajas de ahorro" elespiadigital.com 17/04/2015

16- Público/EFE. (2012) "Rajoy y Cospedal se felicitan por un año record en recortes sociales". www.publico.es

17- Noticias (2014) "La cena de 1966 donde se fraguó el actual sistema bipartidista" elespiadigital.com 30/11/2014

18- Casas, José. (2002) "Las redes del Opus". Revista AUSBANC. Sept. 2002.

19- De la Cierva, Ricardo. (2008) Los años mentidos (capítulo X). Madrid: Fénix

20- Provera, Emanuela. (2011) "El Opus Dei impone la censura". opuslibros.org

21- Redacción central. (2009) "Ludolfo Paramio, el que llama "hijos de puta" a los periodistas". lavozdelsandinismo.com

22- Rusiñol, Pere. (2012) "Los cazadores de Garzón". publico.es

23- Jiménez, Pedro. (2012) "El fiscal vapulea la instrucción del juez Varela". cadenaser.com

24- Yoldi, José. (2014) "Nuevos tiempos, viejas maneras". cuartopoder.es

25- 20minutos. (2008) "El Tribunal Supremo archiva la causa contra Federico Trillo por el Yak-42". 20minutos.es

26- Azanza, Ana. (2008) "Las financias ocultas del Opus Dei". Opuslibros.org

27- Sánchez, Cristina. (2014) "La cuarta planta de la Clínica Universitaria del Opus en Navarra bajo sospecha". elespiadigital.com

28- Martínez, Ramón. (2015) "Voces en la cabeza". elespiadigital.com

29- Gutiérrez-Álvarez, Pepe. (2015) "La calumnia es un método reaccionario por excelencia". kaosenlared.net

30- Flores, Ana. (2011) "Un 'ex Lehman' para sacar al país de la crisis". publico.es

31- Martínez, Ramón. (2015) "Opus Dei y Poder Judicial". elespiadigital.com

III- *EL OPUS DEI Y EL PP*

Para muchos es evidente que el PP es el brazo político de la secta Opus Dei. Pero hay quienes niegan tal relación, como también niegan que el Opus sea una secta, probablemente amparándose en las versiones "oficiales" que se difunden de esta organización criminal [1] que goza además del "status" de ser una prelatura personal del Papa.

En el presente capítulo se va a demostrar no solo que el PP es realmente, sin lugar a dudas, el brazo político del Opus Dei, sino que además, según una resolución del Parlamento Europeo [2] sobre sectas, el Opus Dei encaja dentro de las actividades delictivas descritas en el documento como son el ejercicio ilegal de la medicina [3], el fraude fiscal [4], las transferencias ilegales de fondos [5], prácticas como la tortura, el trato inhumano y degradante [6], y en general violaciones de los derechos fundamentales de la persona [7].

A continuación, algunos textos de Opus Libros [8] donde se describe la relación entre el Opus Dei y el PP.

«Es el retorno del Opus Dei. Su objetivo es recristianizar el aparato del Estado a partir de una red en la que sus miembros se identifican entre sí, se reconocen y se ayudan unos a otros en su carrera hacia los puestos clave», asegura Mariano Sánchez Soler, autor de Las sotanas del PP, libro que se acaba de presentar. De la misma opinión es el ex director general de Asuntos Religiosos y catedrático de Derecho Eclesiástico de la Complutense, Dionisio Llamazares: «El PP se ha echado en brazos de la Iglesia y pretende imponer como ética global la moral católica en su versión más integrista auspiciada por el Opus Dei»

También es interesante este otro texto extraído de la misma fuente:

"Dirigir o estar muy cerca de los que dirigen. «Aznar llega al PP rodeado por la curia del Opus, que es la que le aúpa a la presidencia y se convierte en su guardia de corps», asegura Sánchez Soler. Los Aznar no son socios de la Obra. Pero el abuelo del presidente, Manuel Aznar, era íntimo amigo de Escrivá. Ana Botella es sobrina de José Botella, uno de los más reconocidos miembros de la Obra durante el franquismo. Los hijos de los Aznar estudiaron en los colegios Peñalba y Pinoalbar, que se rigen por el ideario de la Obra, y su ahora yerno, Alejandro Agag, en el Retamar, buque insignia del Opus en Madrid. Aun así, sigue habiendo en el PP de Aznar cierta prevención hacia el Opus por su deteriorada imagen pública".

Sobre la no pertenencia de Aznar al Opus, es algo que yo pongo en duda, porque además de que sus hijos fueron a los colegios Peñalba y Pinoalbar conocidos por ser del Opus, habría que pensar también en este texto sobre los estatutos del Opus Dei:

"En la constitución del Opus Dei, redactada en 1950, el artículo

191 afirma: "Los miembros numerarios y supernumerarios sepan bien que deberán observar siempre un prudente silencio sobre los nombres de otros asociados y que no deberán revelar nunca a nadie que ellos mismos pertenecen al Opus".

Teniendo en cuenta que, como señalan las fuentes consultadas, lo más habitual es que los allegados nieguen pertenecer a la Obra salvo que sea demasiado evidente, es difícil poder determinar con precisión el número de miembros del PP que son del Opus. Pero está claro que los miembros del PP si no son del Opus son "allegados" ya que en el Opus tienen la mentalidad de "o eres de los nuestros o estás en contra de nosotros". De cualquier forma, cuando a Federico Trillo [9] después del escándalo de la tragedia del Yak-42, no solo no se le expulsó del partido, sino que además se le nombró presidente de la comisión de justicia del PP, se demostró que el PP, aun negando ser el brazo político del Opus, actúa con un descaro sin precedentes cuando se trata de proteger a un conocido miembro del Opus (de los suyos) y esto, en mi opinión, los hace cómplices a todos. Bajo el mandato de Rajoy, el opusino Trillo ha sido nombrado nada menos que embajador de España en Londres [10], a pesar del compromiso del PP de no nombrar como embajadores a quienes no fuesen de la carrera diplomática. Además, Trillo ha colocado a sus dos hijas nada más acabar la licenciatura en dos puestos jurídicos de máxima relevancia estatal, las Cortes y el Consejo de Estado [11].

Pero solo por poner algunos ejemplos de cómo se beneficia el Opus Dei por medio de su partido el PP, basta observar las actuaciones de Esperanza Aguirre con una ONG del Opus [12] a la que condecora a pesar de estar subvencionada por la comunidad y Ayuntamiento de Madrid, ambas en manos del PP, o también por ejemplo de cómo se conceden terrenos públicos para colegios de esta secta [13].

Si alguien argumenta que el PP no es el brazo político del Opus Dei, quizá podría explicar por qué el PP que recorta brutalmente en la enseñanza pública, multiplica el gasto público en colegios privados del Opus Dei, como por ejemplo en la región de Murcia (la región de procedencia de Federico Trillo) donde la Consejería gasta más dinero en dos colegios del Opus que en todos los públicos [14].

Para averiguar si el Opus Dei es una secta o no, podemos guiarnos por las directrices aportadas sobre sectas por AIS (Atención e Investigación de Socioadicciones) [15] donde se resalta que "*el problema de las sectas no son sus ideas sino sus prácticas basadas en la ocultación, el engaño y el control de la personalidad*". En este sentido, no cabe duda de que el Opus es una secta si se piensa en la costumbre patológica que tienen los miembros del Opus de mentir y ocultar la verdad [16], y si además añadimos el hecho de que "*las sectas se caracterizan por toda una serie de procedimientos encaminados a fomentar la devoción ciega entre sus miembros (adeptos) hacia el propio líder*", tenemos la certeza de que en el Opus se cumple, en este caso haciendo santo a Escrivá de Balaguer de una forma anómala llena de irregularidades [17], para continuar con la beatificación de su sucesor Álvaro del Portillo [18].

Otras características de las sectas que dan motivos de preocupación según AIS y que coinciden plenamente con los testimonios de las víctimas del Opus Dei son "*el desarrollo de una ideología radical y con rasgos intolerantes, mostrar una estructura jerárquica autoritaria bajo la forma de un "líder-gurú" o de una organización que ha legado el mensaje del fundador*" y "*utilizar a las personas como instrumentos empleando sus capacidades y recursos en beneficio de los objetivos ocultos del grupo, enmascarar sus finalidades reales que no coinciden con las que ofrecen externamente, generar rupturas en diferentes ámbitos, como por ejemplo, con formas de pensar previas, con convicciones anteriores, con relaciones afectivas etc., explotar las inquietudes y las necesidades de las personas, favoreciendo simultáneamente sentimientos de culpabilidad, miedo a abandonar el grupo"*, etc.

Sobre las actuaciones del PP que muestran su condición sectaria, basta evidenciar su afición patológica por la mentira, también su insultante opacidad en general [19] y en especial en lo referente a temas económicos [20], sus re-cortes en Derechos Fundamentales [21], la manipulación sectaria de la información [22], soporte manifiesto a la tortura [23], indultos a condenados por corrupción [24], y quizá la prue-ba más evidente, es que una secta nunca suelta a sus vícti-mas. Cuanto más peligrosa es una secta, más difícil les resulta a las víctimas librarse de ella. En este caso el PP no suelta a su víctima la sociedad española, y asombra en el ex-tranjero que Rajoy no dimita [25] sea cual fuese la gravedad del escándalo del día. Las consecuencias son un empobreci-miento de la sociedad elevando brutalmente la deuda del país [26] mientras aumenta el número de ricos [27] con cuentas en paraísos fiscales [28].

La opacidad del PP ha llegado hasta el punto de hacer desaparecer los discos duros de su contabilidad y pretender que la empresa suministradora de HP alterase sus números de serie. Afortunadamente la empresa se negó por ser ilegal [40]. Esto muestra la reacción del PP al ser investigado por el caso Bárcenas, pero a pesar de sus argucias, el juez Ruz dio por acreditada la financiación ilegal del PP y el pago de sobresueldos [41]. Por supuesto que el PP sigue en el Go-bierno sin dimitir y para colmo pretende ganar de nuevo las elecciones, aunque sea a base de hacer trampas [42], tradición que es innata al PP al igual que la mentira [16].

La impunidad sistemática de esta secta se consigue en principio por el control de los medios de información [29], y además mediante el control del Tribunal Supremo [30] que se nutre de vocales del CGPJ que en su mayoría están designados a dedo por el PP.

Si Aznar fue alzado a la presidencia por el Opus Dei, es de suponer que Rajoy también. Según un artículo publicado por el diario Público, el opusino Romay Becaria sería "en cierto modo" el responsable del liderazgo nacional de Mariano Rajoy en el Partido Popular [31]. Y, además, el número de ministros del que es conocida su pertenencia o alineación con el Opus Dei, es abrumador en el Gobierno de Rajoy:

Ministro del Interior Jorge Fernández Díaz [32]
Ministro de Economía De guindos [33]
Ministra de Sanidad Ana Mato [34]
Ministro de Hacienda Montoro [35]
Ministro de Exteriores García Margallo [35]
Ex-Ministro de Educación, el tristemente famoso Wert y su opusina ley de educación [36], etc.

Sabiendo que el Opus Dei, además de ser una secta, es una presunta organización criminal [37] que actúa a modo de lobby donde se ayudan unos a otros para conseguir los puestos claves del poder [38], es muy forzado pensar que algún miembro del PP llegase a ser ministro si no fuese un incondicional del Opus Dei. No importa que nieguen su pertenencia a la secta, lo que importa son sus actuaciones que, por la forma de favorecer al Opus Dei, es innegable su alineación. El mismo razonamiento se puede aplicar a los vocales del CGPJ designados por el PP.

En ocasiones pueden hacer maniobras de distracción para hacer creer que el Gobierno no es del Opus, por ejemplo, en actuaciones sobre el aborto, etc. Al parecer pretenden difundir la idea de que el Opus tiene una "moral" muy estricta. Pero esa imagen de fundamentalismo "moral" que pretende dar el Opus a la opinión pública, contrasta con la inmoralidad de la que da muestras [39] cuando se trata de dinero. Si realmente se desea saber cuál es la "moral" del Opus Dei [1], si queréis saber quién está detrás de todo, del saqueo brutal que está sufriendo España, seguid la pista del dinero [5].

1- Martínez, Ramón. (2015) "La religión como pretexto para la delincuencia". elespiadigital.com

2- Parlamento Europeo: europarl.europa.eu/workingpapers/cito/w10/annex1

3- Sánchez, Cristina. (2014) "La cuarta planta de la Clínica Universitaria del Opus en Navarra bajo sospecha". elespiadigital.com

4- Martínez, Ramón. (2015) "Opus Dei y saqueo de bienes públicos". elespiadigital.com

5- Azanza, Ana. (2008) "Las financias ocultas del Opus Dei". opuslibros.org

6- Martínez, Ramón. (2015) "Voces en la cabeza". elespiadigital.com

7- Yvan de ExOpus. (2007) "El Fin Secreto Del Opus Dei". Web ExOpus/Libros

8- Vidal/Olmedo. "Santo Poder del Opus Dei" opuslibros.org

9- EFE. (2008) "Las familias de las víctimas del Yak piden al juez la imputación de Trillo por homicidio" publico.es 14/05/2008

10- EFE. (2012) "El Gobierno nombra a Trillo embajador de España en el Reino Unido" diarioinformacion.com

11- Calais, Irene. (2013) "Federico Trillo, la historia de una gran mentira (5): El conspirador" elespiadigital.com

12- Rubio, Mariela. (2008) "Esperanza Aguirre condecora al Opus Dei por su obra social en Madrid" cadenaser.com

13- Público/Europa Press. (2009) "Revuelta laica ante la concesión de otra parcela al Opus Dei en Alcalá de Henares" publico.es

14- Sánchez, Pedro. (2012) "La Consejería gasta más dinero en dos colegios del Opus que en todos los públicos" elpajarito.es

15- AIS (Atención e Investigación de Socioadicciones) www.ais-info.org/sectas.html

16- Martínez, Ramón. (2015) "El Opus Dei y la mentira" elespiadigital.com

17- Ynfante, Jesús. (1996) El Santo Fundador del Opus Dei. Barcelona: Crítica

18- Opuslibros.org 17/03/2014 "Beatificación Álvaro del Portillo. Decepción. Razones de un desacuerdo"

19- Armunia Berges, Cristina. (2015) "La opacidad de las agendas públicas impide controlar la actividad de los cargos" eldiario.es

20- EFE. (2012) "El Congreso rechaza investigar la crisis bancaria" lne.es

21- Pérez, Raquel. (2015) "Los siete derechos fundamentales que limita la 'Ley Mordaza'" eldiario.es

22- Padrón, Silvia. (2014) "1.500 trabajadores de TVE acusan a la dirección de manipulación informativa". cuartopoder.es

23- Eldiario.es 23/11/2012 "El Gobierno indulta por segunda vez a cuatro mossos que fueron condenados en 2009 por torturas"

24- El indulto del Día: elindultodeldia.wordpress.com (recopilación de indultos publicados en el BOE)

25- Díaz, Roberto. (2013) "La prensa internacional, sorprendida por la negativa de Rajoy a dimitir" infolibre.es

26- Jiménez, Miguel. (2015) "La deuda pública ya sube en más de 300.000 millones en la etapa de Rajoy" elpais.com

27- N.M.S. (2013) "El número de millonarios en España crece en 47.000 personas durante el último año" 20minutos.es

28- Ortiz de la Tierro, Zuriñe. (2015) "Los paraísos fiscales se llenan de dinero español" diariosur.es

29- Martínez, Ramón. (2015) "Opus Dei y medios de comunicación" elespiadigital.com

30- Martínez, Ramón. (2015) "Opus Dei y Poder Judicial". elespiadigital.com

31- Varela, F. (2010) "Romay Beccaría: De vigilante a vigilado" publico.es

32- Público. (2011) "Orden, religión y lealtad total a Rajoy" publico.es

33- Basante, Jesús. (2015) "El Opus Dei es una prisión". El Diario

34- Arrabalí Campos, David. (2011) "El nuevo gobierno español al servicio de banqueros, empresarios y políticos corruptos" rebelion.org

35- Casas, José. (2002) "Las redes del Opus". Revista AUSBANC. Sept. 2002

36- Agencias. (2012) "El ministro Wert apoya a los centros sexistas del Opus Dei" aquiconfidencial.es

37- Campos, M. Ángel. (2015) "El juez José de la Mata sienta en el banquillo al PP por su caja B" cadenaser.com

38- Martínez, Ramón. (2015) "El Opus Dei como lobby internacional" elespiadigital.com

39- Martínez, Ramón. (2015) "Opus Dei y golpes de Estado" elespiadigital.com

40- Pardo de Vera, Ana. (2016) "El PP cambió los discos duros de sus ordenadores de Tesorería y quiso alterar sus números de serie" publico.es

41- Calleja, Tono. (2015) "El juez Ruz da por acreditada la financiación ilegal del PP y el pago de sobrcsueldos" infolibre.es

42- Ver cap. IX Bipartidismo y pucherazo.

IV- *EL OPUS DEI Y LA MENTIRA*

Una de las armas más peligrosas del Opus Dei es la mentira. Según testimonios de quienes han sido víctimas de la secta, con el tiempo, en el Opus Dei se llega no solo a adquirir el hábito de mentir, sino que, además, se acaba siendo un mentiroso patológico. El peligro es que con frecuencia hacen uso de la mentira con fines ilícitos [1]. Teniendo en cuenta que el PP es el brazo político del Opus Dei [2], no es de extrañar que los políticos de ese partido abusen de esa fea costumbre de mentir descaradamente y que tanta indignación está causando en la sociedad española.

He intentado clasificar los distintos tipos de mentiras que son relevantes desde un punto de vista penal. Así, he podido diferenciar:

Mentiras de Fraude.
Mentiras de Difamación.
Falsificaciones.
Mentiras de Coacción.
Mentiras de Máscara.

Mentiras de Sedición.

Esta clasificación probablemente se puede ampliar y mejorar, pero en mi opinión, la clasificación que propongo representa de forma significativa los tipos de mentiras más comunes en esta secta. A continuación, voy a explicar cada uno de los tipos de mentiras incluyendo ejemplos y fuentes de referencia.

Mentiras de Fraude:

Este tipo de mentiras van encaminadas a sacar beneficio económico engañando a sus víctimas con argucias como *"que los ha elegido Dios"*, *"que han visto tu vocación a la Obra, que si tú no la ves es por falta de generosidad con Dios"* etc. [1] les convencen de lo que Dios quiere o no quiere, de forma que las víctimas terminan entregando sus sueldos y todos sus bienes a la secta. Interesante este testimonio *"Ni por asomo te imaginas que bajo esa máscara el Opus Dei esconde a un depredador de bienes y de poder que sólo piensa en su beneficio"* [1]. El solo hecho de convencer a alguien de que ha sido elegido por "Dios" para a continuación sacarle el dinero, supone un delito de estafa (art. 248 CP) denunciable ante cualquier juzgado. Pero en España las víctimas no tienen defensa por medio de los tribunales a causa del control que ejerce el Opus Dei sobre el Poder Judicial [3]. A nivel político se ha podido comprobar hasta dónde llega la desvergüenza del PP (brazo político del Opus Dei) mintiendo para ganar las elecciones [4], y una vez conseguido el gobierno proteger los delitos económicos de una forma insultante [5].

Mentiras de Difamación:

Numerosos testimonios confirman que los del Opus

usan la mentira para destruir la imagen de quienes les molestan. Interesante este texto:

"Pero todo puede tener una explicación: que una secta haya conseguido infiltrarse dentro de la misma Iglesia. Una secta que para sobrevivir necesite constantemente ocupar altos cargos en la organización. Una secta que utilice sistemáticamente la calumnia para conseguir este objetivo: eliminar a los candidatos que no son afines y desacreditarlos para que no les crean cuando intenten hacer ver la realidad a los demás." [6].

Entre las muchas víctimas de difamaciones, hay que mencionar al arquitecto Miguel Fisac que en su testimonio denuncia que a sus espaldas le adjudicaron unos trastornos psíquicos sin que tuviese la menor posibilidad de defenderse de tales acusaciones, así se puede apreciar en el siguiente texto extraído de una carta que dirigió a un amigo suyo del Opus Dei [7]:

"Vuestro Prelado Mons. Echevarría en la documentación secreta de las actas que consiguió comprar el Diario el País a un monseñor del Vaticano, del Tribunal de la Causa de Beatificación de Mons. Escribá de Balaguer, declaraba bajo juramento, que yo no podía declarar porque "presentaba una conducta contradictoria, propia de su inestabilidad emocional y temperamental." "Se trata de una persona psíquicamente desequilibrada, escrúpulos patológicos con manifestaciones de carácter obsesivo, situación de ansiedad permanente y manía persecutoria, que no ofrece garantías de dar un testimonio objetivo."

Por la forma que se expresa este cura del Opus, cualquiera diría que es un experto psiquiatra, pero no hay referencias de que lo fuera, como tampoco de que Miguel Fisac recibiese algún tipo de tratamiento psiquiátrico. Pero la intención de desacreditar a esta persona es evidente.

Este otro caso sobre una víctima del Opus es bastante conocido:

"Estos dos sacerdotes vienen a decirme que María Angustias Moreno, la autora del libro sobre el Opus Dei que leíste, es lesbiana" [8].

Según me comentó el sociólogo Alberto Moncada, el Opus ha dejado de calumniar abiertamente, escarmentado por el caso de María Angustias Moreno, por esta razón, en lugar de difamar públicamente, lo que daría lugar a dejarse en evidencia, lo hacen "por debajo", difundiendo calumnias entre ellos. Esto es aún peor que las difamaciones abiertas porque, en muchos casos, las víctimas no se llegan a enterar de las mentiras que se difunden a sus espaldas, lo cual impide la posibilidad de defensa. Pero en mi opinión, el Opus, por medio de su partido el PP, sigue difamando abiertamente y con total impunidad, como ha ocurrido con Errejón [9], Monedero [10], etc. y también contra países, como por ejemplo Venezuela [11], quienes han sido víctimas de acusaciones que se ha demostrado que eran falsas. Es notable que el opusino Montoro, Ministro de Hacienda, haya difundido información que daña la imagen de Monedero, pero no ha hecho lo mismo con su "amigo" Rato [12], o con los jueces con cuentas en paraísos fiscales que se han visto "obligados", gracias a las listas de Falciani, a beneficiarse de la fraudulenta amnistía fiscal del PP [13].

La peligrosidad de sus mentiras puede ser extrema cuando llegan a calumniar a sus víctimas con *denuncias falsas civiles y penales, según testigos que dan su testimonio* en el excelente artículo sobre el Opus Dei redactado por Cristina Sánchez

[14] en el año 2014.

Falsificaciones:

Una mentira en un documento supone una falsificación. La práctica de falsificar documentos es al parecer bastante habitual en la secta Opus, y yo mismo he sido víctima de falsificaciones en documentos para perjudicarme, como se demostró en la causa especial de antejuicio 1800/90 promovida ante la sala segunda del Tribunal Supremo. En mi caso se obtuvo de forma anómala un certificado de domicilio de contenido falso que le daba aparente competencia a un juez del Opus Dei, y de esta forma el juez autorizó que me internaran de forma forzosa en un centro psiquiátrico ilegalmente [15], no solo por su absoluta falta de competencia para autorizarlo, sino que también porque tan grave resolución adoptaba la forma de providencia y no de auto, eludiendo así la comunicación al Ministerio Fiscal a pesar del grave daño que la resolución causaba.

Se ha demostrado que utilizan falsificaciones para heredar dinero que legalmente no les corresponde. Por mencionar un ejemplo, basta recordar como una miembro del Opus Dei firmó como si fuese una pariente en el certificado de defunción de una anciana que dejó al Opus Dei una herencia de 30 millones de euros. Este certificado expedido por un médico, probablemente también de la Obra, requería la firma de un pariente como requisito para dar veracidad a la identidad de la fallecida. Pero el hecho de que una miembro del Opus usurpase el lugar de un pariente, da a entender la escalofriante situación en la que se encontró la fallecida hasta el momento de su muerte, rodeada de una secta que ambicionaba sin pudor sus cuantiosos bie-

34

nes [16].

El título de Marqués de Peralta que consiguió el fundador de la secta, fue mediante una falsificación, como afirma Ricardo de la Cierva en el capítulo X de su obra Los años mentidos: "Este documento prueba que la rehabilitación del título por el padre Escrivá se basa en una falsificación." [17].

También se sabe que falsifican la historia según sus intereses. Por ejemplo, tal como se aprecia en este testimonio de Miguel Fisac: "*El grupo (que cruzó los Pirineos durante la Guerra Civil Española) estaba constituido por el Sr. Escrivá, Paco Botella, Pedro Casciaro, José Mª Albareda, Tomás Alvira, Juan Jiménez Vargas, Manuel Saiz de los Terreros y yo. En total éramos ocho. Pero como éste último y yo nos salimos más tarde de la Obra, los biógrafos nos suprimieron y desde entonces se dijo que habían sido seis*" [18].

Un caso importante y bastante conocido es el caso del Yak-42 donde se falsificaron documentos deliberadamente en un ministerio donde el máximo responsable era un conocido miembro del Opus Dei. Como es habitual cuando el Opus baila en escena, había dinero por medio, unos 100.000 euros por cada vuelo de transporte de tropas que al parecer desaparecían como por arte de magia, siendo esta la causa de decenas de muertes. También en este caso el Poder Judicial ayudó a encubrir los hechos al no ver "indicio de delito" y no investigar hasta el fondo sobre el paradero del dinero [19].

Mentiras de Coacción:

La utilización de mentiras para coaccionar a sus víctimas es algo ya instituido por el fundador de la secta Opus. Mediante un lavado de cerebro, donde el miedo es un componente importante, se consigue disuadir a las víctimas de cualquier intento de dejar la secta. Solo ver algunas frases del fundador del Opus como:

—"Dejar la Obra es condenarse a la infelicidad temporal y eterna".
—"Rezad para que Dios os permita morir antes que dejar la Obra".
—"Si alguno de mis hijos nos abandona, que sepa que nos traiciona a todos: a Jesucristo, a la Iglesia, a sus hermanos de la Obra y a todas las almas [1] ".

Mentiras de Máscara:

He dado en llamar mentiras de máscara, a todas aquellas mentiras encaminadas a ocultar, encubrir y disfrazar sus actividades delictivas. Buscando en Internet las palabras "Opus Dei" se puede comprobar cómo pretenden inundar Internet con sus versiones caracterizadas por esa costumbre patológica que tienen de mentir [20], desmintiendo las evidencias que existen contra ellos. Intentan hacer dudar a la población de cuál es la verdad, aunque ellos no aportan pruebas documentadas. De esta forma calumnian a sus víctimas al intentar dejarlos como mentirosos.

También he comprobado que tienen numerosos "activistas" que se infiltran en foros y grupos de Internet, con el objeto de intentar ridiculizar a quienes denuncian al Opus. Por ejemplo, en más de una ocasión he visto a gente que afirmando no ser del Opus, dicen conocer al Opus en "profundidad" y lo defienden a capa y espada, intentando dejar a la víctima como alguien desequilibrado que no merece la menor credibilidad. Esta técnica de desprestigio y destrucción de la imagen personal de sus víctimas fue ya observada en el Vaticano [6].

Sus mentiras de máscara les permiten infiltrarse hasta en partidos supuestamente de izquierdas, como sugiere este texto extraído de un artículo de El País y que, de cualquier forma, es muy sospechosa la figura de "socialistas católicos" en la dirección de un partido con una base que lucha por una sociedad laica. Ver figuras como Francisco Vázquez [21] y su incoherente conducta socialista [22]:

Socialistas también

"No hay constancia (aunque sí algunos rumores) de comunistas o socialistas miembros de la Obra. Quizá un ex alcalde socialista de una ciudad próxima a Madrid. Sólo es sabido, y él no lo oculta, que los hijos del alcalde de A Coruña, Francisco Vázquez, estudiaron en centros de la Obra. Su hijo pasó por la Universidad de Navarra y hoy trabaja en su clínica universitaria como médico. 'Yo no soy del Opus, pero soy creyente, católico y practicante', afirma. 'Y he querido que mis hijos tuvieran una educación que cubriese también los valores éticos y universales propios de la fe católica. El Opus Dei, en mi opinión y la de mi mujer, reúne la condición para ofrecerla'. Imposible hallar un comentario más favorable en todo el espectro de la izquierda. El portavoz de la Obra se limita a señalar: 'Donde pueda estar un católico, puede estar un miembro del Opus Dei'".

Otros dirigentes socialistas descaradamente católicos son José Bono, José Blanco, etc. En la actualidad el PSOE tiene un secretario general, Pedro Sánchez, que cursó un Programa de Liderazgo para la Gestión Pública por la escuela de negocios IESE - Universidad de Navarra (del

Opus Dei) [23], ha sido miembro de la Asamblea General de Caja Madrid durante la etapa en la que Miguel Blesa [24] estuvo a cargo de la entidad, y bajo su mandato, el PSOE se ha aliado con la derecha europea [25], permitiendo a las multinacionales estar por encima de los Estados y de la soberanía de los parlamentos nacionales.

Como ya se ha visto en el cap. 2, el Opus controla la mayor parte de los medios de gran alcance en España de forma directa o bien indirecta. De esta forma, ellos marcan las pautas de como narrar la historia. No se trata de dar una versión de la historia "a gusto del consumidor", sino de imponer sus intereses mediante la versión falseada de la historia.

Por poner un ejemplo, según el artículo: "La cena de 1966 donde se fraguó el actual sistema bipartidista" [31] se afirma que un falangista y miembro del Opus Dei Hermenegildo Altozano, participó en la cena. La falsedad está en que un falangista por definición no puede ser del Opus Dei, los falangistas estaban en contra del capitalismo, por no hablar del neoliberalismo y no tragaban al Opus Dei. Pero en cambio numerosos miembros del Opus Dei vieron en la Falange Española (FE) la forma de ascender al poder por medio de "contactos" y por esta razón muchos vistieron la camisa azul por conveniencias que no por ideología. El Opus Dei en su posición privilegiada en la difusión de información, logra que cuando se habla de tiempos de Franco la gente piense en FE y no en el Opus Dei. Desde que llegaron los "neoliberales" precoces del Opus Dei en los años 60, los escándalos por fraudes financieros fueron la norma, (Caso Matesa, Caso Rumasa, Caso Gescartera, etc.) y las riquezas nacionales e industria han sido y están siendo malvendidas a especuladores corrompidos de los que ellos son parte.

No olvidar que la deuda pública se ha triplicado desde que el PP [2] llegó al Gobierno, a pesar de haber subido los impuestos, reducido los servicios públicos drásticamente, vaciado la caja de pensiones, etc. superando el Billón de EUR (con "B"). La ecuación es muy simple, esto es solo posible gracias a un descomunal saqueo de los bienes públicos que pasan a manos privadas y probablemente la mayoría del dinero saqueado se encuentre en cuentas en paraísos fiscales. Parece ser que ciertos allegados al Opus consiguen desviar la atención haciendo creer que los responsables son fascistas (falangistas), la idea es que la gente no distinga entre fascismo y neoliberalismo que son dos polos opuestos. Los fascistas anteponen el concepto de Estado al interés privado y jamás permitirían evasiones de capital, los neoliberales anteponen el dinero en bolsillos privados a los intereses de la sociedad y son conocidos por su interés en ocultar su dinero en paraísos fiscales. Ambos coinciden en sus maneras antidemocráticas, pero confundirlos como una misma cosa beneficia al Opus Dei, porque pasa discretamente en su saqueo mientras se culpa a los fascistas. Por cierto, que muchos de esos "falangistas" que están siendo acusados de corrupción, no son más que oportunistas del Opus que en su día se "pegaron" a la falange por intereses, de la misma forma que más tarde "se pegaron" al PSOE, PP o lo que hiciese falta para satisfacer sus ambiciones y que ya fueron criticados en su tiempo ampliamente por su desvergüenza [32].

En mi opinión cambiar de ideas no es reprobable, pero cambiar de ideas para mantenerse en una situación de privilegios en el poder, es una estrategia falaz usada para un fin ilegítimo que yo incluiría entre las mentiras de máscara. Teniendo en cuenta que el Opus controla la mayor parte de los medios de comunicación en España, la demonización de cualquier ideología fascista por el solo hecho de serlo, es una prueba de que el Opus Dei realmente no es ni por asomo simpatizante con el fascismo. Las visitas del opusino ministro del Interior al Valle de los Caídos [33] no tienen que ver, a mi entender, con una ideología sino con una postura de la defensa de sus intereses donde la fuerza está justificada para mantener su tiranía. No conviene olvidar que Franco fue el gran benefactor del Opus Dei al concederle la práctica totalidad de los ministerios a esta secta, y de esta forma les concedió el poder del Estado al que están saqueando sin piedad.

Para terminar, solo aclarar que el falangismo defendía un "Estado Sindical totalitario" y que todo totalitarismo es, en mi opinión, reprobable socialmente. Pero los verdaderos falangistas (que no tienen que ver con los oportunistas políticos) eran realmente sindicalistas cuyos estatutos abogaban por la dignidad del trabajo y la justicia social. No tragaban a los sinvergüenzas y detestaban la mentira. Comprendo que haya tantas reticencias hacia FE, pero también es evidente que hay mucha ignorancia en la sociedad al confundir a sinvergüenzas del Opus Dei, que mienten por sistema y se lucran con el dinero público, con falangistas. La Falange Española hoy en día es solo un grupo reducido de ciudadanos que no controlan el Estado, no es una fuerza que amenace a la sociedad mientras que el Opus Dei sí lo es, ya que no solo controla el Estado desde tiempos de Franco, sino que además está asolando España.

Mentiras de Sedición:

Los miembros del Opus tienen una obediencia ciega a

la secta, de forma que la fidelidad a esta secta está por encima de todo y por supuesto por encima del Estado [26]. Por esta razón, el hecho de que un miembro del Opus Dei ocupe un cargo público, es en principio un peligro potencial. Esto se entiende porque una secta atiende a intereses privados y el Estado por ley debe de tener un interés público.

Según el artículo 544 del Código Penal:

"Son reos de sedición los que, sin estar comprendidos en el delito de rebelión, se alcen pública y tumultuariamente para impedir, por la fuerza o fuera de las vías legales, la aplicación de las Leyes o a cualquier autoridad, corporación oficial o funcionario público, el legítimo ejercicio de sus funciones o el cumplimiento de sus acuerdos, o de las resoluciones administrativas o judiciales".

Se sabe que el Opus está interesado desde tiempos de Franco en reclutar funcionarios del Estado al más alto nivel [27]. En el momento que se intenta hacer miembro de una secta a un funcionario que se debe al interés público y no privado, se está cometiendo, a mi entender, un delito de sedición. Entiendo que una secta que ha demostrado de forma reiterada usar la mentira sin ninguna clase de escrúpulos para conseguir sus fines, debe de usar la mentira para conseguir adeptos en el Estado, o bien colaborar en fraudes al Estado. Al posible uso de estas mentiras las he dado en llamar mentiras de sedición.

El conocido miembro del Opus Dei Federico Trillo está a la cabeza de un escándalo que les costó la vida a decenas de militares españoles. La causa, una malversación de dinero público donde se estafaba al Estado, presumiblemente por cada uno de los vuelos que durante años transportaron tropas españolas a costa de arriesgar la vida de los militares. A pesar de haberse descubierto el fraude, los funcionarios, tanto del Ministerio de Defensa implicados, como los jueces competentes para perseguir los delitos, han impedido mediante mentiras el esclarecimiento de los hechos, que, en definitiva, se trata de un fraude al Estado para beneficio de particulares. En mi opinión, las mentiras que se sabe que funcionarios han dicho para conseguir la impunidad de los verdaderos responsables, constituyen un acto de traición. La sedición trae como consecuencia asolar al país [28] con total impunidad evadiendo inmensas fortunas a paraísos fiscales.

Hay evidencias de que el Opus está implicado en golpes de Estado [30]. Esto también conlleva delitos de sedición. En mi opinión, las mentiras más peligrosas son las que pueden hacer creer a funcionarios de la necesidad de un golpe de Estado cuando el Estado no se somete a los intereses del Opus Dei, confundiendo los intereses del Estado con los intereses de la secta.

1- Yván de ExOpus (2009) "Mentiras Y Falsas Justificaciones En El Opus Dei" exopus.wordpress.com 09/01/2009

2- Martínez, Ramón. (2015) "El Opus Dei y el PP". elespiadigital.com

3- Público. (2011) "El Supremo apoya que el Opus Dei no alimente a una mujer que se dio de baja" publico.es

4- Público. (2012) "Las mentiras del PP en vídeo" publico.es

5- Escolar, Ignacio. (2015) "Cinco datos sobre la amnistía fiscal de Montoro que te van a cabrear". eldiario.es

6- M., Víctor. (2008) "¿Calumnias dentro de la Iglesia?" opuslibros.org

7- Fisac, Miguel. (2008) "Carta de Miguel Fisac a un miembro de la Obra" opuslibros.org

8- Moreno, María Angustias. (1978) La otra cara del Opus Dei. Barcelona: Planeta.

9- Eco Republicano. (2014) "La campaña de la casta contra Iñigo Errejón ha fracasado" ecorepublicano.es

10- InfoLibre. (2015) "Desmienten las acusaciones de 'El País' sobre el currículo de Monedero" infolibre.es

11- Cuba Información. (2010) "Sociólogo Juan Carlos Monedero advierte sobre estrategia de calumnias contra Venezuela" cubainformacion.tv

12- De Diego, Sara. (2015) "Montoro no habla de la situación fiscal de Rato, pero sí de Monedero y los actores" elconfidencial.com

13- Castaño, Federico. (2015) "La unidad de blanqueo pone la lupa sobre funcionarios, jueces y embajadores acogidos a la amnistía" vozpopuli.com

14- Sánchez, Cristina. (2014) "La cuarta planta de la Clínica Universitaria del Opus en Navarra bajo sospecha". elespiadigital.com

15- Ver "Documentación de pruebas y querella contra Magistrados del Tribunal Supremo" en la sección de Documentos en la Bibliografía al final de este libro.

16- Gutiérrez, Bernardo. (2010) "Así hereda el Opus Dei". Revista Interviú. 1795, 1: 6-10.

17- De la Cierva, Ricardo. (2008) Los años mentidos (capítulo X). Madrid: Fenix

18- Testimonio de Miguel Fisac en el libro que recoge varios testimonios: Varios. (1992)   Escrivá de Balaguer - ¿Mito o Santo? Madrid: Libertarias/ Prodhufi

19- 20minutos. (2008) "El Tribunal Supremo archiva la causa contra Federico Trillo por el Yak-42". 20minutos.es

20- Martínez, Ramón. (2015) "El Opus Dei y la mentira" elespiadigital.com

21- Dirigente del PSOE que fue embajador de España en el Vaticano durante 2006-2011

22- Matías López/Pérez Díaz. (2002) "El Opus sube definitivamente a los altares" elpais.com

23- Universidad privada propiedad del Opus Dei.

24- Público/Agencias. (2014) "El juez Andreu imputa a Rato y Blesa por las 'tarjetas b'" publico.es

25- Ruíz Rico, Manuel. (2015) "Los socialistas se alían con la derecha europea y abren la puerta al blindaje de las empresas" publico.es

26- Entrevista a Agustina López de los Mozos Ex numeraria del Opus Dei. (2011) Programa de lasexta.com "El intermedio" de José Miguel Monzón.

27- Portada. (2002) "El verdadero poder del Opus" Revista Tiempo de hoy. 1029, 1:14-19

28- Martínez, Ramón. (2015) "Opus Dei y saqueo de bienes públicos". elespiadigital.com

29- Azanza, Ana. (2008) "Las financias ocultas del Opus Dei". opuslibros.org

30- Martínez, Ramón. (2015) "Opus Dei y golpes de Estado" elespiadigital.com

31- Noticias (2014) "La cena de 1966 donde se fraguó el actual sistema bipartidista" elespiadigital.com 30/11/2014

32- Vizcaíno Casas, Fernando. (1978) De camisa vieja a chaqueta nueva. Barcelona: Planeta

33- Águeda, Pedro. (2014) "Fernández Díaz elige el Valle de los Caídos para "meditar"". eldiario.es

V- *OPUS DEI Y HERENCIAS*

De entre las muchas argucias que utiliza el Opus Dei para apropiarse del dinero ajeno, caben destacar los métodos empleados para adquirir herencias que esta secta recibe por medio de fundaciones "sin ánimo de lucro". Estas fundaciones pueden disponer de las ingentes cantidades "heredadas" como les plazca sin tener que dar explicaciones a nadie. Así lo afirma Lourdes Pérez-Luque, portavoz de la fundación Tajamar del Opus Dei [1], *"Legalmente podemos hacer lo que queramos con el patrimonio para la obtención de nuestro fin",* quien se pronuncia de esta forma tras haber "heredado" su fundación una fortuna en circunstancias extrañas, donde la mentira y los acosos son parte de las quejas que se han recogido de las personas afectadas por esta forma peculiar que tiene el Opus Dei de recibir bienes ajenos.

Resulta paradójico que el Opus pueda "legalmente" hacer lo que quiera con unas fortunas que provienen de fundaciones que evitan pagar impuestos, precisamente gracias a ser declaradas "sin ánimo de lucro". En realidad, esta forma "legal" de adquirir dinero, es un sistema por el cual se usan fundaciones y otras entidades "sin ánimo de lucro" como fachada para el lavado de activos y evasión tributaria. Así lo denuncia una web de Colombia sobre Ingeniería Tributaria [2]:

"Los escandalosos ingresos de algunas entidades sin ánimo de lucro prendieron las alarmas del Gobierno. Todo apunta a que este será el eje de la próxima reforma tributaria.".

Si el Ministerio Fiscal cumpliese rigurosamente con las funciones que le encomienda el art. 124 de la CE, probablemente el Opus Dei tendría serios problemas con la justicia, especialmente si se sabe que todo el dinero del Opus Dei es dinero negro [3]. Pero la impunidad del Opus Dei en España es una muestra del control que ejerce esta secta sobre el Ministerio Fiscal [4], y también, sin lugar a dudas, sobre el Poder Judicial [5].

Pero volviendo al tema que nos ocupa en este capítulo, independientemente de los aspectos del fraude tributario, el asunto de las herencias en el Opus Dei encierra un complejo de conductas delictivas entre las que podríamos mencionar: las estafas, las coacciones, las falsificaciones, las amenazas, etc.

Herencias conseguidas por medio de estafa:

Es el medio más habitual entre los numerarios que no pertenecen a familias del Opus y que son captados por medio de argucias, los cuales entregan todos sus bienes en vida. Según los testimonios de ex-miembros de esta secta, una de las mayores lamentaciones es haber entregado sus herencias sin que tengan la menor posibilidad de recuperarlas. El artículo 248 del Código Penal establece que:

"Cometen estafa los que, con ánimo de lucro, utilizaren engaño bastante para producir error en otro, induciéndolo a realizar un acto de disposición en perjuicio propio o ajeno."

La estafa es evidente por la forma que el Opus Dei adquiere las herencias de los numerarios en vida porque, tras informarse de la situación económica de las víctimas, proceden a una serie de actuaciones elaboradas con el objeto de engañar a su presa, y que culminan con la adquisición de la herencia y bienes de la desafortunada como se describe en este testimonio de una ex-numeraria francesa [6]:

"Yo me marché. Estoy casada pero no he recuperado todavía mi estabilidad emocional. El aislamiento psicoló-gico, la manipulación mental, la intolerancia, el desprecio por los que no son del Opus Dei, el dinero de la herencia que yo les di: hacen falta años para recuperarse."

Es muy forzado que puedan considerarse los actos de una organización que recurre al engaño para "desplumar a sus víctimas" como un medio "sin ánimo de lucro".

En este testimonio, un ex-numerario explica de forma explícita de qué se trata [7]:

"Pero, ¿qué hay detrás del proselitismo y los testamentos? Está claro: dinero. La atención de supernu-merarios, cooperadores, padres de numerarios tanto de la sección de varones como de mujeres obedece a una directiva explícita recomendada por el Fundador: hacer lo posible para que en sus testamentos incluyan a la Prelatura".

Herencias conseguidas de ancianos:

Este tipo de herencias tienen el denominador común de ser obtenidas después de la muerte de la víctima y se caracterizan por la opacidad en la forma que es obtenido el testamento, además de envolver al anciano las 24 horas del día por medio de miembros de la secta hasta el momento de su muerte. En un testimonio de Opus Libros se afirma sobre una anciana que" dejó su herencia" al Opus [8]:

"Allí siempre estaban dos o tres amigas del Opus haciendo guardia, como siempre: a sus enfermos nunca les dejan solos por miedo a que cambien su testamento en el último momento".

Pero hay muchos más casos bien documentados como, por ejemplo, el caso ya referido [1] de Madrid, donde una anciana dejó una herencia valorada en 30 millones de EUR al Opus en medio numerosas irregularidades, entre otras que: *"la certificación de defunción de Julia, expedida por el Registro Civil del pueblo, fue firmada por Teresa Pineda Goizueta, miembro del Opus Dei, en calidad de "sobrina": Hecho que, según el abogado Roberto Alonso, podría ser un delito de usurpación de personalidad y falsificación de documento público".* La falsificación se debe a que, según la ley, para certificar la defunción de una persona es necesario que además del médico, que es quien certifica la muerte, firme un pariente que confirme la identidad del difunto, pero la firma de una miembro del Opus Dei que no era pariente de la fallecida, muestra que la pobre anciana murió rodeada de gente del Opus y cabe sospechar que incluso el médico también fuese de la secta siendo imposible, en tal caso, saber en realidad en qué condiciones se produjo la defunción.

Si recordamos las falsificaciones que se hicieron en la tragedia del YAK-42 [9], y la sangre fría con la que se arriesgó la vida de militares españoles de forma continuada durante años, para robar dinero público por cada vuelo de transporte de tropas, podemos tener la escalofriante sospecha de en qué condiciones se pueden encontrar estos ancianos aislados y rodeados por miembros de una secta que, sin pudor, muestra una insana codicia por sus propiedades. En este otro caso [10] *"una familia madrileña acusa a una fundación ligada al Opus Dei de heredar irregularmente un patrimonio de 4,8 millones de euros "*. Realmente el Opus se ha ganado el apelativo de "caza herencias" y Nacho Fernández [11] escribe en un artículo que:

"En algunos sitios de Galicia había corrido el pánico, pues algunas personas del Opus Dei estaban acercándose a viudas y señoras mayores para conseguir que sus bienes los dejaran en testamento a las facultades de estudios eclesiásticos de la universidad de Navarra", además escribe: *"Se también del caso de una adinerada familia madrileña que se enteró, a la muerte de su madre que ésta había cedido todos sus bienes a una obra corporativa del Opus Dei"*.

Herencias conseguidas con violencia:

Cuando las víctimas no se dejan engañar, entonces recurren a la violencia. Esta violencia está encaminada a destruir psíquicamente a la víctima, y normalmente se ejecuta en medio de un entorno de acosos [12]. Buena parte de las técnicas de acosos se describen en el artículo La cuarta planta de la Clínica Universitaria del Opus [13]. Una vez conseguida la incapacitación legal del desafortunado, lo inhabilitan para recibir herencias. A continuación, voy a dar mi propio testimonio, documentándolo con pruebas para que se entienda mejor el modus operandi de la secta Opus Dei cuando las víctimas no se dejan engañar o intimidar.

Fue por medio de mi hermano, que tenía una novia cuya familia era del Opus, la vía de infección por la que esta secta y su proselitismo entró en mi casa. Parece ser que con el tiempo consiguieron captar a todos mis hermanos y a mi madre, muy probablemente por medios coactivos según deduzco por la anécdota que describí [14] hace años sobre coacción, y por otros datos que describo en mi entrevista con Cristina Sánchez [15]. A mi padre no consiguieron hacerlo del Opus, porque su formación y convicciones le impedían ser parte de una secta semejante. La mejor prueba es que me dijo por teléfono antes de morir que no me fiase de nadie, ni de mi madre, ni de mi hermano, y esto me lo repitió varias veces como si fuese algo de vital importancia. Gracias a la advertencia de mi padre, no accedí a las pretensiones de mi madre de enviarles un poder notarial dándoles un ilimitado poder sobre mis derechos. Mis sospechas se confirmaron cuando pedí a un abogado que me enviase una copia del certificado sobre las últimas voluntades de mi padre que constaba en la notaría. Comprobé con preocupación que el certificado no tenía sello, ni firma y afirmaba que mi padre no había otorgado testamento. En el ministerio me dijeron por teléfono que, si el documento es electrónico, no necesita sello, ni firma, pero debe de tener en lugar un número muy largo de identificación, el cual no aparece en ninguna parte en el documento.

Sobre mi madre tengo que decir que nunca tuvo mal corazón, pero por su conducta puedo comprender hasta qué punto llega la peligrosidad de esta secta, y no me faltan motivos para pensar que el miedo le ha hecho actuar así. Por los casos recogidos en el presente artículo temo por su seguridad. Pero no es posible defenderla, ni a ella, ni a otros muchos ancianos ocultando los delitos en lugar de hacerlos públicos. Tampoco va a ser posible defenderlos mientras el

Opus controle el Ministerio Fiscal y el Poder Judicial.

Después de la muerte de mi padre, todo empezó a encajar. Los acosos que me obligaron a exiliarme fuera de España, el internamiento ilegal mediante una PROVIDENCIA y un certificado de domicilio de contenido falso que le daba aparente competencia a un juez del Opus Dei, y que al parecer eran pasos previos para incapacitarme ilegalmente. Todos estos delitos se demostraron en la querella que le interpuse al juez, pero de nada sirvieron las pruebas ante unos jueces y fiscales que, probablemente, por mucho menos hubiesen dado lugar a la expulsión del Poder Judicial a cualquier juez que no fuese de su secta, como ha pasado con Garzón, Elpidio, etc. Ver Querella contra Magistrados del Tribunal Supremo[16] así como la documentación de pruebas [17] en la documentación adicional (pág. 178).

Si una secta como el Opus Dei, es capaz de delinquir sin escrúpulos para conseguir los bienes ajenos por medio de herencias, solo hay que imaginar que no estarán haciendo teniendo acceso ilimitado al dinero público. Si observamos cómo crece la deuda pública de forma exponencial [18] a pesar de batir records en recortes en sanidad, educación, vaciando la caja de pensiones, subiendo los impuestos, etc., etc. [19], no es extraño que el PP (brazo político del Opus) se niegue tan descaradamente [20] a investigar los paraísos fiscales [21].

1- Gutiérrez, Bernardo. (2010) "Así hereda el Opus Dei". Revista Interviú. 1795, 1: 6-10.

2- Ingeniería tributaria. (2015) "Fundaciones y otras entidades sin ánimo de lucro: fachada para el lavado de activos y evasión tributaria" tributar.com

3- Elorduy, Pablo. (2008) "Alberto Mocada: Todo el dinero del Opus Dei es dinero negro" opuslibros.org

4- Martínez, Ramón. (2015) "Opus Dei y Ministerio Fiscal" elespiadigital.com

5- Martínez, Ramón. (2015) "Opus Dei y Poder Judicial". elespiadigital.com

6- Ex numeraria francesa. (2001) "Yo formé parte del Opus Dei" opuslibros.org

7- Wong, Nicanor. (2009) "Testamentos, herencias, cuidados maternales y la intención detrás" opuslibros.org

8- Violet. (2015) "Protocolo herencias Opus Dei. ¡CUIDADO!" opuslibros.org

9- yak42.net46.net

10- Delgado, Juan T. (2003) "La disputada herencia del pastor Calvo" El Mundo

11- Fernández, Nacho. (2007) "Los "cazaherencias" del Opus Dei" periodistadigital.com

12- Martínez, Ramón. (2015) "El Opus Dei y los acosos". elespiadigital.com

13- Sánchez, Cristina. (2014) "La cuarta planta de la Clínica Universitaria del Opus en Navarra bajo sospecha". elespiadigital.com

14- Una anécdota de lo que ocurrió una vez. Se trata de cómo reaccionó la que hoy es mujer de mi hermano. Para poneros en antecedentes, la mujer de mi hermano tiene 2 hermanos supernumerarios y yo he visto a su madre quejarse de forma alterada porque el Opus le había quitado ya 2 hijos siendo menores de edad.

"Recuerdo que una vez, cuando aún eran novios y yo me relacionaba con ellos, mi hermano me invitó a ir al cine. La película que vimos se llamaba "La costa de los mosquitos". Un idealista americano "Harrison Ford", decide huir de tanta corrupción y se lleva a toda su familia a empezar una nueva vida en la selva amazónica. Mediante trabajo y tecnología construyen un paraíso en medio de la selva. Pero la felicidad acabó cuando unos bandidos armados llegan al paraíso y deciden quedarse sometiendo a la familia por la fuerza de las armas.

La reacción de Harrison Ford es de empezar a destruir lo que había creado con tanta ilusión y trabajo. Pero la mujer de mi hermano llegó a levantarse muy enfadada y quería irse del cine después de oír una afirmación de Harrison Ford en una escena donde intenta explicar a su hijo por qué actuaba así. La frase decía más o menos así: "no hay nadie con dos dedos de frente que tolere un segundo de opresión". Mi hermano intentaba riendo (al parecer le parecía ridícula la reacción de su novia) convencerla de que se sentase y continuase hasta el final. Pero a mí me pareció extremadamente extraña esta reacción en mi opinión completamente desmesurada, y con el tiempo me ha hecho pensar en las causas. Hoy en día conozco de sobra las causas de esta reacción, porque yo estoy siendo objeto de coacciones similares a las descritas en el film por parte de la secta

Opus. Pero el hecho de que ella se enfadase, supone que ella entendía que la afirmación le ofendía."

15- Sánchez, Cristina. (2015) "Exclusiva: El Opus Dei un depredador de almas y dinero". elespiadigital.com

16- sectaopusdei.com/querella-contra-magistrados-del-tribunal-supremo

17- sectaopusdei.com/documentacion-de-pruebas

18- ELPLURAL. (2015) "Récord pésimo de Rajoy: su Gobierno aumentó la deuda pública en más de 300.000 millones" elplural.com

19- 15mpedia.org/wiki/Lista_de_recortes

20- EFE. (2012) "El PP impidió la creación de una subcomisión sobre paraísos fiscales". Publico.es

21- Ortiz de la Tierro, Zuriñe. (2015) "Los paraísos fiscales se llenan de dinero español" diariosur.es

J.R Martínez

VI- *OPUS DEI Y SAQUEO DE LOS BIENES PÚBLICOS*

Según cuenta como anécdota Luis Carandell en "Vida y milagros de monseñor Escrivá de Balaguer" el fundador del Opus Dei exclamó: "Nos han hecho ministros", cuando supo que socios de la Obra entraron a formar parte del Gobierno español. Esta exclamación denota probablemente las consecuencias que iba a tener para el Estado español que una secta como el Opus comenzase a formar parte del Gobierno. El hecho de tener miembros del Opus en puestos clave del Estado que les permite acceso al dinero público, es potencialmente un peligro, porque la fidelidad hacia su secta está por encima de los intereses del Estado, según confiesa la ex-numeraria Agustina López de los Mozos en su testimonio[29]. Si además tenemos en cuenta que según el sociólogo Alberto Moncada, todo el dinero del Opus Dei es dinero negro[1], podemos afirmar que el Opus es en toda regla una organización criminal, y no es difícil imaginar qué consecuencias puede tener que una secta peligrosa tenga acceso a los bienes públicos.

Se sabe que el Opus Dei tiene una voracidad por los bienes ajenos escalofriante, y son muchos los casos conocidos que demuestran su falta de escrúpulos para apropiarse de lo ajeno. Por poner solo algunos ejemplos bien documentados, recordar como obtiene el Opus herencias (ver cap. V) o también de como explotan a sus presas sin que la víctima cotice en la Seguridad Social [2].

Realmente el Opus Dei tiene el control del Estado español desde tiempos de Franco[3], y fue en tiempos de la dictadura cuando diseñaron una estrategia para perpetuarse en el poder engañando a la sociedad mediante el control de los medios de información[4]. A pesar de este control no pudieron impedir que algunos casos de corrupción, en los que el Opus Dei estaba implicado, se publicasen debido a la magnitud del saqueo del que fue víctima el erario español.

Ya desde sus comienzos, cuando empezaron a ocupar cargos en el Gobierno de la dictadura de Franco, ocasionaron el mayor escándalo financiero conocido en España hasta entonces, a causa de la cuantía del dinero estafado y la cantidad de falsificaciones de las que se valieron para conseguirlo: el caso Matesa, una estafa por la que una empresa, gracias a miembros del Opus, recibía créditos multimillonarios del Estado y mediante engaños conseguía beneficios enormes. Pero este gran fraude al dinero público quedó impune gracias al indulto que Franco otorgó a los miembros del Opus implicados, y no solo los perdonó, sino que además aumentó el número de miembros del Opus Dei en el Gobierno, hasta tal punto, que la secta llegó a tener el monopolio de la práctica totalidad de los Ministerios.

Esta conducta de no perseguir los delitos de miembros del Opus Dei, para incluso "premiarlos", no es algo endémico de tiempos de la dictadura, sino que se sigue practicando en nuestros días, demostrándose que las cosas no han cambiado en la supuesta "democracia" que muchos españoles, al parecer, creen vivir. Algunos de los ejemplos más notorios han sido el caso del opusino Federico Trillo, nombrado portavoz de justicia de su partido tras el escándalo del YAK-42[5], causado por un fraude al dinero público que costó la vida a decenas de ciudadanos españoles, y el caso de Pilar Valiente[6] dimitida por el caso GESCARTERA [7], otro escándalo financiero de empresas del ámbito del Opus Dei, quien fue nombrada jefa adjunta de la Oficina Nacional de Investigación del Fraude (ONIF).

Para hacerse una idea aproximada de hasta qué punto la secta Opus puede saquear el dinero público con impunidad, basta recordar el caso RUMASA[8]. Un caso donde un miembro del Opus "presta" enormes sumas de dinero al Opus Dei, para que se devolviese en un plazo de 75 años con una renta que el Opus no debía de pagar, sino que debía de recibir por parte de quien le había prestado el dinero. La mejor prueba de que el Opus hace lo que quiere con el dinero público, es que el Opus recibió miles de millones del Estado, en concepto de esa renta por el dinero que el Opus había recibido prestado. Los responsables de ese saqueo se supone que eran miembros del Opus Dei representando los intereses del Estado.

Pero este caso no es aislado, según este texto extraído de un artículo del periódico Tribuna[9]:

"La forma de actuar del Opus es de aspiradora, permitiendo el crecimiento y absorción de empresas en un rubro determinado, hasta que llegan a un tamaño crítico, luego del cual son vaciadas en forma fraudulenta y sus fondos transferidos a instituciones del Opus."

El peligro no es solo que esta secta pueda saquear a placer las arcas del Estado, sino que también puede perseguir y castigar a cualquier funcionario que intente hacer algo para impedirlo. Recomiendo acaloradamente escuchar un programa de radio de la Cadena Ser donde interviene el antiguo fiscal anticorrupción Carlos Jiménez Villarejo, quién explica de forma clara la situación[10]. España está siendo brutalmente saqueada y el dinero se evade a paraísos fiscales. La Unión Europea intentó tomar medidas contra estos paraísos fiscales, pero esto fue impedido por el PP europeo. Es importante hacer notar que el PP desde que llegó al poder, ha ido descabezando sistemáticamente la cúpula policial y organismos del Estado responsables en la lucha contra el crimen económico [11], deteniendo y obstaculizando en la medida que han podido las investigaciones del caso Gürtel[12], que en contra de lo que muchos creen o quieren hacer creer, es un caso mucho más grave y profundo que una simple financiación ilegal del PP, es un caso que estaba desvelando un verdadero saqueo al dinero público y la evasión de este dinero a paraísos fiscales[13]. En mi opinión, las actuaciones del PP para impedir cualquier investigación sobre paraísos fiscales los delata como culpables, al menos en grado de colaboración[14].

Aunque no menciona para nada a la secta Opus Dei, sí habla de las actuaciones del PP que es el brazo político del Opus Dei[15]. Por esta razón yo titularía el programa "El Estado a los pies del Opus Dei" en lugar de "El Estado a los pies de la mafia" [10].

Otro programa de radio interesante es el conducido por David Serquera en Radio Gamsci sobre la presunta corrupción inmobiliaria del PP[16], que, aunque está denunciada a la unidad de delincuencia organizada de la policía, es previsible, como es habitual, la actuación de la fiscalía[17] y del

Poder Judicial[18] cuando los implicados son de los "suyos".

La razón de la falta de actuación de la fiscalía en graves delitos económicos es denunciada por el ex-fiscal Jiménez Villarejo, a quién el Fiscal General del Estado le prohibió investigar a cierta gente[30].

Se entiende que el saqueo no va a acabar mientras una organización criminal[19] esté en el poder. No solo se trata de las ingentes cantidades de dinero que estafan[20] con el pretexto de la "crisis", también se trata de empresas públicas rentables que son malvendidas a especuladores que abusan de la población[21], para no hablar de la inmensa cantidad de propiedades públicas que han sido inmatriculadas a nombre de la Iglesia[22].

Es evidente que la UE tiene complicidad en todo este asunto. No parece que sea casualidad que al frente del BCE se encuentre un ex-Goldman Sachs[23], un grupo gigante de banca con casos de fraude, al igual que una indecente presencia en la especulación inmobiliaria en España[24]. También es muy sospechosa la "presión" del BCE para que Bankia, una vez nacionalizada con fortunas de dinero público, sea vendida lo antes posible a precio de ganga[25].

La amnistía fiscal de Montoro es otra prueba del saqueo que está sufriendo el erario español:

El tema de las amnistías fiscales en España es un ejemplo de cómo se traiciona al interés público al dar un trato privilegiado a quienes merecen un castigo ejemplar.

Desde el principio se sabía que una amnistía fiscal suponía un atentado contra los valores superiores de la

Constitución Española de igualdad y justicia, y que por esta razón era ilegal. Pero el Tribunal Constitucional mediante una sentencia tardía ha permitido que se cometa el atropello, además de la impunidad de quienes han colaborado con semejante fraude.

Vamos a centrarnos en la amnistía fiscal de Cristobal Montoro para comprender el alcance de la posible responsabilidad criminal en la que pudieran incurrir los implicados en este proceso.

La amnistía fiscal de Montoro surge tras la revelación de las listas de Falciani, que delataban a cientos de contribuyentes españoles con cuentas en una sucursal de un banco en Suiza. Según Falciani, la cantidad que las autoridades españolas podrían recuperar de los defraudadores ascendía a 200.000 millones de EUR[1]. Esta cifra la estimaba basándose en la documentación que él tenía en su poder. El Gobierno en lugar de perseguir a los responsables de fraude fiscal, los perdonó por su posible responsabilidad criminal, y además les hizo rebaja de tal forma que muchos pagaron en concepto de impuestos considerablemente menos del ya insultante 10% que Montoro había propuesto en un principio. El resultado fue que de esos 200.000 millones que se podrían haber recaudado gracias a las listas de Falciani, solo se recaudaron menos de 2.000 millones de EUR en base a una clara complicidad del Gobierno con los delincuentes defraudadores. Montoro ha demostrado su trato de amistad con los delincuentes económicos al encubrirlos, perdonarlos y darles trato especial de una forma insultante para los contribuyentes. Solo imaginar que hubiera sucedido si Pablo Iglesias hubiese estado incluido en las listas de Falciani, probablemente le hubiese faltado tiempo para hacer públicos sus posibles delitos y denunciarlo como hizo con Monedero[2].

Dentro de las posibles conductas delictivas tipificadas en el Código Penal español que recoge la amnistía fiscal de Montoro, se me ocurría en un principio que podrían ser: administración desleal, cooperación necesaria para fraude fiscal y alta traición. Pero para salir de dudas le pregunté a un catedrático de Derecho Penal de una universidad española, antiguo conocido, que me respondió lo siguiente: "…y prevaricación, malversación, cooperación activa y en comisión por omisión de defraudaciones a la Hacienda Pública, Seguridad Social, tráfico de influencias, encubrimiento de delitos, etc."

No cabe duda de que la actuación de Montoro no solo es inconstitucional, sino que también supone un conjunto de actuaciones delictivas que debieran de ser perseguidas de oficio. Es indignante que tan solo se publiquen tímidas peticiones de dimisión, cuando en realidad estamos ante un caso evidente de corrupción del que debieran depurarse responsabilidades penales. Las pérdidas al erario público que supone la amnistía fiscal de Montoro ascienden a más de 198.000 millones de EUR, y esto sumado a los 60.000 millones[3] regalados a los bancos, las inmatriculaciones de la Iglesia, etc., nos da una idea del saqueo que están realizando con total impunidad, aunque probablemente los datos aportados sean tan solo la punta de un iceberg.

Entre las atribuciones del Tribunal Supremo hay una muy especial que es la de "conocer y decidir en única instancia los procesos de responsabilidad civil o penal contra el presidente y los ministros del Gobierno de la Nación".

A pesar de que la amnistía fiscal del PP fue ilegal y supuso la comisión de gravísimos delitos por parte de los responsables del Gobierno del PP, el Tribunal Supremo no ha procesado a nadie por esta amnistía que ha supuesto al erario español una pérdida tan enorme de dinero que tanta falta hubiese hecho para hacer frente a los gastos sociales. No deja de sorprender que las únicas voces que se alzan sobre este asunto solo reclaman hacer públicas las listas de los defraudadores sin exigir un proceso penal por cada uno de los defraudadores incluidos en las listas, además de procesar a sus encubridores del Gobierno del PP.

No se trata solo de la evasión de impuestos, sino que también habría que investigar la procedencia de tan formidables fortunas que son escondidas en paraísos fiscales precisamente para evitar dar explicaciones sobre el origen del dinero.

La sospechosa postura del PSOE de no hacer públicas las listas de defraudadores muestra una vez más la complicidad de este partido supuestamente de izquierdas con el saqueo que está sufriendo España, y dan lugar a fundadas sospechas de que entre las listas deben estar incluidos dirigentes socialistas. De esta forma evidencian que prefieren el escándalo de la opacidad a tener un escándalo más por delitos económicos a sus espaldas.

Sobre el pretexto del derecho al honor para ocultar la identidad de los delincuentes, hay que observar que a quienes defraudan tanto dinero a la sociedad no les debe de preocupar mucho la honorabilidad de sus actos y, por otra parte, no existe ninguna ley tanto en España como en la Unión Europea que impida hacer públicas las identidades de defraudadores y evasores de impuestos. Por esta razón tampoco es sostenible el pretexto del derecho a la intimidad cuando se trata de delincuentes y sus delitos. Se ha utilizado también como pretexto la Ley General Tributaria siendo así que el art. 95 "reconoce el carácter reservado, que no secreto, de los datos con trascendencia tributaria" y este artículo no se refiere a las cantidades evadidas ilegalmente sino a "los datos obtenidos por la Administración Tributaria en el desempeño de sus funciones".

Otro factor doloso en la amnistía fiscal del PP, es que usó como argumento que con esta amnistía saldría a la luz mucho dinero oculto para de esta forma aumentar las arcas del Estado, cuando la realidad es que se conocía la identidad de la mayoría de los defraudadores antes de que el Gobierno decidiese proteger a los delincuentes económicos recogidos en las listas de Falciani. Y como resultado, de los 200.000 millones de euros que Falciani había estimado que podría recuperar el erario español, se recuperó escasamente una centésima parte.

Los 200.000 millones de las listas de Falciani se refieren a una sucursal de un banco inglés en Suiza, pero se entiende que estas inmensas fortunas son solo la punta de un iceberg, porque no incluyen las cantidades evadidas en otros bancos suizos, bancos en Panamá, Liechtenstein, Islas Caimán, etc.

El Tribunal Supremo como máximo responsable de la unidad de interpretación de la jurisprudencia en España y como competente para procesar penalmente al presidente del Gobierno y sus ministros, ha permitido y está permitiendo el saqueo de España y como ejemplo más reciente permitiendo la impunidad de los responsables de la ilegal amnistía fiscal y sus delincuentes beneficiarios. Es asombroso que ninguna asociación, partido político o grupo en la sociedad no haya puesto una querella criminal contra los magistrados del Tribunal Supremo por prevaricación y encubrimiento de los delitos mencionados sobre la amnistía fiscal. La sala competente para conocer de los delitos cometidos por magistrados del Tribunal Supremo sería la sala del art. 61 de la LOPJ. De esta forma, aunque es previsible que prevaricaran los magistrados de la sala del art. 61, se haría aún más patente la traición que supone a la sociedad un sistema judicial donde su órgano de gobierno es elegido a dedo por partidos políticos reputadamente corruptos, perpetuando así la impunidad y el saqueo del país.

También es conocido que ministros del Opus Dei fueron pioneros en la práctica de lo que hoy se conoce como "puertas giratorias".

En política la expresión puerta giratoria se refiere a una conducta que está tipificada como delito en varios países como Francia, Canadá y Japón, y aunque en España esta conducta no esté tipificada como delito, esto no quiere decir que no se trate de comportamientos ilegales generalizados. Vamos a analizar estos comportamientos ilegales que conlleva la práctica de las puertas giratorias.

Cuando hablamos de puertas giratorias en un contexto político, estamos hablando de altos cargos públicos que al terminar su mandato se van al sector privado donde ocupan, en muchos de los casos, puestos privilegiados en empresas, las cuales ofrecen generosas remuneraciones económicas que no se corresponden con el tiempo de trabajo ofrecido. Por ejemplo, con frecuencia el trabajo se reduce a unas pocas reuniones al año sin ni siquiera tener experiencia en el sector que se supone que los ex-políticos tienen que asesorar. Tal es el caso de Arsenio Fernández de Mesa, ex-director general de la Guardia Civil que, sin experiencia ni estudios en el sector energético, se le incorporó como consejero en el REE con un sueldo base de 156.000 euros por 11 reuniones anuales. Estos sospechosos privilegios al ocupar cargos en el sector privado, suelen ser consecuencia de los favores que han hecho los altos cargos públicos en el ejercicio de sus funciones al sector privado que, en pago, ofrece generosas ofertas para ocupar entre sus cargos directivos. Lo más grave de estas conductas es que, en muchas ocasiones, suponen un grave perjuicio de lo público en beneficio de los intereses privados de los que los políticos corruptos pasan a formar parte.

Delitos:

1) _Administración desleal_: Este delito está tipificado en el artículo 252 del Código Penal, y se refiere a delitos contra el patrimonio al administrar bienes ajenos causando perjuicio a sus propietarios. En el caso de las puertas giratorias se han dado casos de vender empresas públicas rentables como, por ejemplo, Endesa, que su proceso de privatización supuso un expolio a los ciudadanos que financiaron mediante la tarifa eléctrica las inversiones que hicieron de Endesa una gran empresa rentable. El expolio se inició con el gobierno del PSOE de Felipe González y se culminó con el gobierno del PP de Aznar. Curiosamente ambos, Aznar y González, terminaron en los consejos de administración de empresas eléctricas, al igual que otros muchos cargos del PP y del PSOE.

2) _Tráfico de influencias_: Se trata de delitos por los que

prevaleciéndose de un alto cargo se influye en la administración para sacar beneficio. Las actividades de los lobbies influyendo a la administración para beneficio propio en perjuicio de lo público, se suelen realizar por medio de políticos que pertenecen a un lobby, y estas actividades se podrían encuadrar dentro del delito tipificado como tráfico de influencias. En España el lobby por excelencia es el Opus Dei, y la práctica de las puertas giratorias se lleva realizando desde los tiempos de Franco, especialmente por parte de ministros opusinos que después pasaron a ser banqueros como, por ejemplo, López Bravo, López de Letona, Oriol, etc. que pasaron al Banesto. Mariano Navarro Rubio que de ministro de Hacienda pasó a gobernar el Banco de España para, más tarde, ser condenado e indultado por el escándalo Matesa, etc.

3) *Malversación*: Es un delito que tiene que ver con la sustracción o uso indebido de un patrimonio. En el caso de las puertas giratorias se trata de políticos que tienen a su cargo la custodia de un patrimonio público, y que lo malvenden para ser después recompensados. Ejemplos de malversación son la venta de empresas públicas rentables, regalar dinero público a bancos, las inmatriculaciones de la Iglesia que mediante la opusina ley de Aznar de 1998 se permitió el expolio de lo público sin control de los bienes expoliados y los beneficios derivados de estos, etc.

4) *Prevaricación*: Se trata de un delito cometido por funcionarios o cargos públicos que en el ejercicio de sus funciones actúan a sabiendas de forma arbitraria incumpliendo su deber.

5) *Alta traición*: Supone cometer un acto de extrema

deslealtad hacia un país, en este caso malvender los bienes públicos o regalarlos a intereses extranjeros. Por ejemplo, malvender empresas públicas rentables a capital extranjero, o regalar inmensas cantidades de propiedades públicas a la Iglesia Católica que, en definitiva, sus bienes están a disposición de la potencia extranjera llamada Vaticano. En mi opinión, se atenta contra la soberanía y seguridad del Estado.

6) _Cohecho_: Consiste en el ofrecimiento, pago o promesa de una ventaja económica por realizar un acto en el ejercicio del cargo.

No descarto la posibilidad de que las puertas giratorias puedan recoger más conductas tipificadas en el Código Penal español, pero ya con los delitos expuestos, sería suficiente motivo para procesar a los responsables del expolio de los bienes públicos y, en mi opinión, no solo eso, sino que además se podría exigir la devolución de los bienes expoliados y procesar a los receptores de estos bienes públicos por ser coautores de estos delitos o cooperadores necesarios según el caso.

Aunque las puertas giratorias pueden suponer un conjunto de comportamientos ilegales, los cuales serían motivo suficiente para una persecución de oficio por parte del Ministerio Público en defensa de la legalidad, habría también que pensar en las consecuencias drásticas que han supuesto para la sociedad. Por ejemplo, sobrecargando injustamente a tantas familias españolas al aumentar las tarifas eléctricas varias veces al año hasta alcanzar los precios más altos de la UE. La alevosía está en las ganancias multimillonarias que estas eléctricas han conseguido gracias a ensañarse con la indefensa población española. Pero hay consecuencias de la corrupción mucho peores para la población como los desahucios gracias a la venta de viviendas de protección oficial a fondos buitre, las muertes por falta de asistencia médica, etc.

Todos los abusos recogidos en la práctica de las puertas giratorias se permiten gracias a la corrupción del Tribunal Supremo, competente para conocer de los delitos de los presidentes de gobierno y sus ministros que, por acción u omisión, permanece impasible ante tantas ilegalidades que asolan el país con terribles consecuencias económicas para la población. Estas son las consecuencias de que políticos reputadamente corruptos designen a dedo a los componentes del Consejo General del Poder Judicial.

Por último, comentar que las mafias financieras que controlan los Gobiernos parecen haberse puesto de acuerdo en practicar la usura para enriquecerse. Según explica el catedrático de Economía Juan Torres López[5] los países de la Unión Europea renunciaron a la posibilidad de tener un banco central que les prestara a muy bajo interés, para pedir prestado en lugar a la banca privada a unos intereses que están provocando la quiebra de muchos estados. El lector puede comprender qué clase de honradez tienen los políticos responsables de esta decisión. Pero la tomadura de pelo llega hasta el punto de "rescatar" a la banca privada con dinero público sin investigarse[6] los bancos "rescatados" y con esto no hace falta explicar más.

Muchos extranjeros se extrañan de por qué Rajoy no ha dimitido con todo su pleno del PP tras hacerse públicos los numerosos escándalos de su partido[26]. Muy lejos de dimitir, en las recientes elecciones autonómicas y municipales el PP se ha destacado por la "honestidad" que le caracteriza, con numerosos intentos de hacer trampas en las elecciones [27]. Todos los casos publicados son posiblemente la punta de un Iceberg, si se piensa que es muy difícil que se hayan detectado y publicado todos sus intentos de fraude en las elecciones. El afán por delinquir para conseguir ganar las elecciones, podría interpretarse como el deseo de un ladrón en conseguir las llaves de la casa que desea "limpiar", y no una limpieza con detergentes, como pretenden hacer creer al afirmar que su deseo de estar en política es para servir al país[28].

1- Elorduy, Pablo. (2008) "Alberto Mocada: Todo el dinero del Opus Dei es dinero negro" opuslibros.org

2- Público. (2011) "El Supremo apoya que el Opus Dei no alimente a una mujer que se dio de baja" publico.es

3- Cuadernos de Ruedo Ibérico. opus-info.org

4- Martínez, Ramón. (2015) "Opus Dei y medios de comunicación" elespiadigital.com

5- yak42.net46.net

6- El País. (2012) "Montoro asciende en Antifraude a Pilar Valiente, dimitida por Gescartera" elpais.com

7- losgenoveses.net ANTONIO RAFAEL CAMACHO FRIAZA. ¿EL MONOSABIO DE GESCARTERA?

8- Cacho, Jesús. (1986) "El Estado abonó 1.588 millones al Opus Dei después de la expropiación de Rumasa". El País 29/06/1986.

9- Medina, Javier. (2003) "Cadena contra el Opus Dei. Un grupo uruguayo alerta contra el oscuro grupo" periodicotribuna.com.ar

10- El Estado a los pies de la mafia. (2012) Programa de la Cadena Ser "La Ventana" de Juanjo Millás con Carlos Jiménez Villarejo

11- Villanueva, José Carlos. (2013) "Rajoy se deshizo de la cúpula antifraude en plena investigación del caso Gürtel" eldiario.es

12- Ruíz, Javier. (2013) "Montoro endurece su control de la Agencia Tributaria: suma 310 ceses en 18 meses" vozpopuli.com

13- Águeda, Pedro. (2013) "Falciani cifra en 200.000 millones el dinero que se evade en impuestos". eldiario.es

14- EFE. (2012) "El PP impidió la creación de una subcomisión sobre paraísos fiscales". Publico.es

15- Martínez, Ramón. (2015) "El Opus Dei y el PP". elespiadigital.com

16- La corrupción inmobiliaria del PP de Madrid al descubierto. (2015) Radio Gramsci con Lara Carrasco y José Luis Escobar conducidos por David Serquera.

17- Martínez, Ramón. (2015) "Opus Dei y Ministerio Fiscal" elespiadigital.com

18- Martínez, Ramón. (2015) "Opus Dei y Poder Judicial". elespiadigital.com

19- Kaos. (2015) "Bárcenas y Naseiro. Documentos y evidencias de una organización criminal" kaosenlared.net

20- Noticias (2015) "España expoliada: El Estado da por perdidos 40.000 millones de euros del rescate de las cajas de ahorro" elespiadigital.com 17/04/2015

21- Luis Rendueles / Alberto Gayo. (2012) "Un Robin Hood contra los abusos en la luz" interviu.es

22- Tercera Información. (2014) "El gobierno se niega a facilitar datos de los miles de propiedades inmatriculadas por la Iglesia desde 1998" tercerainformacion.es

23- Rusiñol, Pere. (2011) "Exejecutivos de Goldman Sachs copan instituciones clave en la crisis" publico.es

24- F. Fafatale. (2014) "El amigo americano busca gangas inmobiliarias" diagonalperiodico.net

25- F. Fafatale. (2015) "La UE presiona para acelerar la privatización de Bankia" diagonalperiodico.net

26- Díaz, Roberto. (2013) "La prensa internacional, sorprendida por la negativa de Rajoy a dimitir" infolibre.es

27- Martínez, Ramón. (2015) "Bipartidismo y pucherazo". elespiadigital.com

28- EFE. (2015) "Feijóo dice que el PP luchará contra el que "venga a la política a servirse y no a servir"" eldiario.es

29- Entrevista a Agustina López de los Mozos Ex numeraria del Opus Dei. (2011) Programa de lasexta.com "El intermedio" de José Miguel Monzón.

30- Baiges, Siscu. (2014). Villarejo: "Los fiscales generales del Estado que nombró el PSOE me prohibieron investigar a Pujol" El Diario

VII- *OPUS DEI Y MINISTERIO FISCAL*

En enero del año 2002 la revista Tiempo publicó un extenso artículo sobre el Opus Dei, donde un miembro de la judicatura afirmaba que "el Opus tiene interés en orientar a jóvenes licenciados hacia la carrera judicial y en especial a la fiscal". Pero habría que preguntarse la razón de por qué el Opus mostraba "especial" interés hacia la fiscalía. El art. 124 de la C.E. establece que es el Ministerio Fiscal la Institución encargada de la defensa de la legalidad, de los derechos de los ciudadanos, y del interés público tutelado por la ley, así como velar por la independencia de los Tribunales.

Pero es la defensa de los derechos de los menores, que por razones obvias requieren mayor protección, una de las funciones encomendadas al Ministerio Fiscal que, en mi opinión, debiera tener un mayor control.

En este capítulo voy a intentar exponer de la forma más clara posible qué consecuencias tiene para la sociedad que el Ministerio Fiscal esté controlado por una secta como el Opus Dei.

I) Sobre la protección de menores:

Recuerdo que en una ocasión la madre de quien hoy es la mujer de mi hermano se quejaba alterando la voz, delante de mí y de mi familia, de que el Opus le había quitado ya dos hijos siendo menores. El dolor de esta madre se incrementaba por el hecho de que los del Opus no dejaban a sus hijos ver a sus padres con frecuencia (realmente no puedo evitar ver similitud entre esta situación y la situación de una hembra en una granja que es despojada de sus crías sin que esta pueda hacer nada para impedirlo), pero si además tenemos en cuenta que esos menores son arrancados de sus madres para llevar una vida de esclavos, donde están obligados a entregar todo lo que ganen, sin cotizar en la seguridad social, se les priva del derecho a la intimidad, de tener amistades fuera de la secta [1], etc. podemos pensar que estamos ante una explotación humana digna de ser perseguida por la justicia. Los supernumerarios del Opus tienen entre otras misiones el proselitismo [2] y sabiendo que suelen tener familias numerosas, no es extraño que sus propios hijos estén predestinados a pertenecer a la secta. En el documental [3] "Una cruzada silenciosa" se puede apreciar el lavado de cerebro que sufren los hijos de las familias pertenecientes al Opus.

El mayor problema con los testimonios de las víctimas, es que solo pueden hablar de lo que han vivido o se les ha contado dentro del Opus Dei. Estos testimonios están basados en experiencias de gente que ha vivido aislada en un entorno donde la mentira es la norma [4], y no han conocido realmente las causas de lo que ha sucedido en su entorno, como por ejemplo de quienes han muerto en circunstancias extrañas, aceptándose la versión que el Opus da de suicidios o accidentes [5]. El caso de la tragedia del YAK-42 [6] demostró que cuando el Opus Dei anda por medio, las versiones oficiales y las investigaciones sobre las muertes son de dudosa veracidad.

No es difícil imaginar la razón por la cual una secta como el Opus Dei pudiese mostrar un "especial" interés en controlar la fiscalía. Si los adultos están indefensos contra una secta tan opaca como poderosa, es escalofriante pensar en la indefensión en la que se pueden encontrar los menores de edad que han tenido la desgracia de caer en las garras de una organización controlada por reputados malhechores [7]. La preocupación puede ser mayor si se piensa sobre la respuesta del Opus Dei a los escándalos de abusos sexuales de sacerdotes [8].

II) Defensa de los derechos de los ciudadanos:

Aunque muchos ciudadanos parecen desconocer esta función, en realidad es una de las más importantes del Ministerio Fiscal y atiende no solo la defensa de los derechos de los más vulnerables en la sociedad, como los menores y los discapacitados, sino que también tiene el deber de intervenir para defender los derechos de cualquier víctima de delitos. En mi caso, con mi testimonio puedo probar como defiende el Ministerio Fiscal a las víctimas de los delitos cometidos por esta secta. Este informe de Eduardo Torres-Dulce [9], quien en su momento era el Fiscal del Tribunal Constitucional, afirma que no es sostenible el recurso de amparo que pedí, después de haber agotado todas las vías legales, tras haber sido internado ilegalmente mediante una PROVIDENCIA y un certificado de domicilio de contenido falso que le daba aparente competencia a un juez del Opus Dei [10].

III) Defensa de la legalidad:

Se entiende que el Ministerio Fiscal, en su calidad de defensor de la legalidad, está para exigir responsabilidad criminal contra los delincuentes. Pero siendo el Opus Dei quien con su "especial interés" acapara la fiscalía, hemos podido ver como no solo no exige responsabilidad criminal dependiendo de quién sea el imputado, sino que además defiende a imputados por corrupción como ha ocurrido en el caso Nóos [11], y la vergonzante defensa de Blesa en el caso Bankia [12] donde la fiscalía obstruye la investigación del imputado por corrupción [13].

IV) Defensa del interés público y social:

Ante esto podemos ver cuáles han sido las actuaciones de la fiscalía [14] ante la abusiva inmatriculación de la Iglesia, así como la inconstitucional Ley Hipotecaria de 1998 de Aznar, que ha dado lugar a un verdadero expolio de bienes públicos [15]. También conviene recordar que regalar inmensas fortunas de dinero público a bancos que no se investigan, es algo contra lo que debiera haber reaccionado la fiscalía enérgicamente y, en definitiva, tantos abusos con dinero público que vienen mostrando como se enriquecen algunos a costa de provocar la miseria en el país [16]. Basta ver como el PP ha batido brutalmente el record de deuda en Castilla-La Mancha [17], al igual que subido los impuestos [18], y recortado en sanidad [19], educación, etc. como jamás se había hecho con anterioridad en la historia de la actual "democracia" española. Las fuertes subidas de impuestos unidas a los gigantescos recortes debieran de haber bajado la deuda y no aumentarla a nivel exponencial.

V) Velar por la independencia de los Tribunales:

Para terminar, recabar la importante misión del Ministerio Fiscal de velar en todo momento por la independencia de los Juzgados y Tribunales españoles. En mi opinión, la actual situación de la justicia española, donde los vocales del CGPJ son designados a dedo por políticos [20], debiera de haber sido motivo de una reacción enérgica por parte de todos los fiscales sin excepción. Pero estamos acostumbrados a que la falta de legalidad sea la norma cuando los intereses del Opus Dei están por medio. Aunque el Ministerio Fiscal es un órgano público fuertemente jerarquizado y su cúspide, el Fiscal General del Estado, es designado por el Gobierno, no encuentro óbice para que cualquier fiscal, en defensa de la legalidad, pueda recabar las acciones oportunas para que la independencia del Ministerio Fiscal sea posible. El actual sistema por el que se designa al Fiscal General del Estado, además de impedir en la práctica que la fiscalía persiga las ilegalidades del Gobierno, es inconstitucional, porque atenta contra los valores superiores de la Constitución como son la igualdad y la justicia, e imposibilita que el Ministerio Fiscal cumpla la función que se le encomienda en la Constitución Española.

La actual fiscalía defiende los intereses del Gobierno, o mejor dicho, del lobby del Gobierno, y no los intereses de la sociedad por razones obvias que ya se han expuesto.

1)   Yvan de ExOpus. (2007) "El Fin Secreto Del Opus Dei". Web ExOpus

2)   Bolter. (2014) "Proselitismo: buscando a Nemo" opuslibros.org

3)   Una cruzada silenciosa. (2006) Película documental. Dirigida por Jean de Certeau, Marcela Said. Chile: Valparaiso producciones, TV5 Monde.

4)   Martínez, Ramón. (2015) "El Opus Dei y la mentira" elespiadigital.com

5)   Moncada, Alberto. (2005) "Suicidios en el Opus Dei" opuslibros.org

6)   Web sobre la tragedia del YAK-42 creada por los familiares de las víctimas: yak42.net46.net

7)   Martínez, Ramón. (2015) "La religión como pretexto para la delincuencia" elespiadigital.com

8)   Penn, Lee. (2006) "The Response of the Opus Dei to the Priestly Sex Abuse Scandal" mgrfoundation.org

9)   Una copia completa del informe está disponible en internet y se puede descargar en tamaño original en sectaopusdei.com/documentacion-de-pruebas

10)   sectaopusdei.com/querella-contra-magistrados-del-tribunal-supremo

11)   EFE. (2014) "El Consejo Fiscal defiende al fiscal Horrach frente al juez del 'caso Nóos', José Castro" 20minutos.es

12)   EFE. (2013) "El fiscal defiende los derechos de Blesa frente a la "intromisión" del juez" publico.es

13)   Gil Pecharromán / Javier Romera. (2013) "Gallardón defiende al fiscal que obstruye la investigación de Blesa" eleconomista.es

14)   García-baquero. (2015) "La Fiscalía no ve indicios de delito en las inmatriculaciones del Obispado" abc.es

15)   Plataforma-ekimena. (2009) "La plataforma en Defensa del Patrimonio presentó ayer su libro "Escándalo monumental", que compendia las 1.086 "apropiaciones" de la Iglesia." plataforma-ekimena.org

16)   Ortiz de la Tierro, Zuriñe. (2015) "Los paraísos fiscales se llenan de dinero español" diariosur.es

17)   Robla, Javier. (2015) "Cospedal bate el récord de deuda pública en la historia de Castilla-La Mancha" eldiario.es

18)   Periodicoclm. (2015) "Cospedal creó cuando era presidenta unas 300 nuevas tasas e impuestos" periodicoclm.es

19)   Robla, Javier. (2015) "Una sanidad recortada, privatizada y que se cae a 'techos', el legado de Cospedal" eldiario.es

20)   Martínez, Ramón. (2015) "Opus Dei y Poder Judicial". elespiadigital.com

VIII- *OPUS DEI Y PODER JUDICIAL*

Es notable que en estos tiempos en los que la corrupción asola España, y que la población empieza a reaccionar exigiendo un cambio, no exista una visión general de la importancia que tiene la independencia del Poder Judicial para solucionar el problema de la corrupción.

Si hubiese una división de poderes, como establece la Constitución Española [1], y una decente independencia del Poder Judicial que garantizase el Estado de Derecho, los políticos tendrían más cuidado en no delinquir ante la seguridad de que pagarían sus culpas ante un tribunal imparcial. Pero a pesar del insultante descaro con el que los políticos colaboran con la delincuencia económica [2], y la impunidad de estos, no parece haber reacciones contra los magistrados del Tribunal Supremo que permiten conductas consideradas por muchos como alta traición [3], al vender y hasta regalar los bienes públicos de España a intereses privados.

Pero la razón de este caos, donde España pierde su soberanía [4] en beneficio de intereses representados especialmente por la banca privada [5] y la Iglesia Católica [6], entre otros, parece estar fuera del alcance del entendimiento de la mayoría, al no existir una consciencia general de lo que supone que una secta como el Opus Dei controle el Poder Judicial [7]. A esta situación contribuye de forma eficaz el toreo llevado a cabo por muchos medios de información, que de forma directa o indirecta están controlados por esta secta, ocultando entre otras cosas, que el bipartidismo fue diseñado en tiempos de Franco por el Opus Dei como una estrategia de perpetuarse en el poder con "maquillaje democrático" [8].

Gracias al testimonio de numerosas víctimas [9], está constatado que el Opus Dei, al igual que otras sectas peligrosas, difícilmente deja escapar a sus presas. Por esta razón, sería una gran ingenuidad creer que después de tener el monopolio del Gobierno en tiempos de la dictadura de Franco, dejase tan fácilmente los puestos neurálgicos del Estado. El Tribunal Supremo (T.S.) y en especial la Sala II de lo Penal [10], es uno de los puestos clave que esta secta nunca iba a dejar escapar de su control, especialmente si tenemos en consideración que de este control depende la impunidad de sus crímenes.

La imparcialidad del Poder Judicial que se garantiza por ley, en el Tribunal Supremo no existe, entre otras razones, porque si los integrantes del Consejo General del Poder Judicial (CGPJ) [11] están elegidos por políticos, solo cabe esperar la consiguiente alineación de los miembros del T.S. y su parcialidad. El actual sistema por el que se nutre el T.S. es claramente inconstitucional en cuanto atenta contra los valores superiores de igualdad ante la ley y justicia, y por esta razón debería de garantizarse que sus miembros fuesen reputados jueces por su imparcialidad, honestidad y rectitud en su carrera profesional, y no, como desgraciadamente está ocurriendo, por sus alineaciones ideológicas o políticas [12].

En cuanto a si estos juristas puestos por el PP-PSOE [8] reconocen ser del Opus o no, recordar lo siguiente:

"En la constitución del Opus Dei, redactada en 1950, el artículo 191 afirma: "Los miembros numerarios y supernumerarios sepan bien que deberán observar siempre un prudente silencio sobre los nombres de otros asociados y que no deberán revelar nunca a nadie que ellos mismos pertenecen al Opus".

Aun negando muchos jueces su pertenencia a la secta Opus, según el juez Vidal de Jueces para la Democracia, al menos una tercera parte de los jueces es conocida su pertenencia al Opus Dei en España [13]. Pero se entiende que este porcentaje puede ser mucho mayor. Lo cierto es que se sabe que el fundador del Opus, ya desde tiempos de Franco, demostró un descarado interés en captar hacia la secta jueces y especialmente fiscales [14]. El objetivo era evidente, conseguir la impunidad de la secta mediante los funcionarios que tienen como misión precisamente velar por la inviolabilidad de la ley. Las consecuencias no podían ser otras. Hemos visto como el tristemente famoso opusino Trillo [15], usó en repetidas ocasiones la misma estrategia contra los jueces que tuvieron la osadía de investigar la corrupción del PP (el brazo político del Opus Dei) en el caso Naseiro [16] y más tarde en la trama Gürtel [17]. Primero, liquidar al juez que instruyó la causa, para después anular las escuchas telefónicas y cuanto "traiga causa de ellas".

Para dejar más claro hasta qué punto la independencia del Poder Judicial brilla por su ausencia, basta recordar lo "excepcionalmente" acelerados que han sido los procesos contra jueces como Elpidio o Garzón [18], ambos con el denominador común de haber enviado a prisión a imputados en la trama Gürtel, que contrastan con la impunidad del opusino Trillo en distintas imputaciones de graves delitos en casos como el Yak-42, etc. y la lentitud con la que se llevan en general los procesos en los que el PP (el Opus) está implicado [19].

El control que ejerce el Opus Dei sobre el Poder Judicial mediante sus miembros, que a todas luces anteponen su lealtad al Opus a su deber de velar por el Estado de Derecho, hace que muchos ciudadanos no crean en la justicia y se inhiban de poner denuncias. Pero naturalmente hay excepciones que, por cierto, rara vez se publican en los medios de información. Por ejemplo, un caso de una mujer que fue estafada por el Opus Dei durante 18 años a la que se le negó compensación de ninguna clase. Tras denunciar la estafa en un juzgado y ganar en la primera instancia, la secta recurrió al Tribunal Supremo [20], donde sus jueces, como viene siendo norma habitual, se encargan de velar por los intereses de los "suyos". Parece ser que es un fraude común practicado por esta secta lavar el cerebro de ciudadanos que caen en sus garras, los cuales entregan todo su dinero sin saber exactamente lo que están haciendo, sin exigir pagos a la seguridad social que los cubra, y desde luego engañados al creer que el Opus actúa de buena fe.

Pero este caso descrito es solo la punta de un iceberg. Mi propia experiencia me demostró que los principales medios de comunicación españoles se muestran muy reacios a publicar información que pueda comprometer al Opus Dei, ya que, a pesar de pedir a los más destacados medios de comunicación en España, y con insistencia, que publicasen las distintas querellas que interpuse contra jueces y magistrados por delitos de prevaricación y encubrimiento de otros delitos [21], aun teniendo pruebas documentadas [22], no conseguí que publicaran nada. Todos los redactores que vieron la documentación se interesaron en un principio. Pero mi caso nunca se publicó, según me dijeron, porque el redactor jefe de los respectivos medios no lo permitía.

Otro ejemplo de la "jurisprudencia" opusina, es un razonamiento del Tribunal Supremo que justifica la separación de sexos en colegios del Opus Dei pagados con dinero público [23]. El hecho de que sea pública la existencia de jueces que se han acogido a la amnistía fiscal [24] implica que, a pesar de que el Poder Judicial puede recabar la identidad de esos jueces, ninguno de ellos ha sido procesado por el Tribunal Supremo. Es evidente que esos jueces amnistiados por defraudar a hacienda, son de los "suyos", porque de no ser así, ya se ha visto la celeridad que caracteriza los procesos contra jueces que les molestan por investigar corrupción. No olvidar que los vocales del CGPJ han sido elegidos a dedo por partidos que se ahogan en la corrupción, y en especial el PP que se está viendo que ha sido una organización criminal desde sus comienzos [19].

Para entender los criterios que usa el PP para nombrar sus vocales en el CGPJ, basta recordar al juez Grande-Malarska, quien instruyó el caso sobre la tragedia del YAK-42, que se distinguió por sus continuos impedimentos a la causa [12], y que fue "recompensado" por el PP nombrándolo vocal del CGPJ [26]. También es representativo que el PP haya incluido como vocal del CGPJ al magistrado Francisco Gerardo Martínez Tristán, presidente de la Sala de lo Contencioso-Administrativo del Tribunal Superior de

Justicia de Madrid, que está actualmente recusado en los pleitos contra la privatización sanitaria en Madrid [27].

En un informe [28] sobre la estadística en causas penales contra jueces, según los propios datos del Consejo General del Poder Judicial, entre 1995 y 2009, sólo el 1,55% de las querellas o denuncias contra jueces y fiscales en España acaba en condena. Los datos revelan que *"según nuestro sistema judicial, es prácticamente imposible que un juez no sea honrado. Este dato es manifiestamente absurdo, y denota una espeluznante impunidad de los jueces prevaricadores en España"*. Es especialmente preocupante pensar que entre los pocos jueces condenados estén jueces como Garzón o Elpidio que se han destacado en la lucha contra la corrupción.

Por todo los expuesto, podemos concluir que las consecuencias de que el Opus Dei controle el Poder Judicial son entre otras:

* La completa impunidad de la secta ante sus continuos delitos económicos [29], contra la intimidad [30], contra la seguridad [31], contra la vida [32], etc. Y una absoluta indefensión de los ciudadanos ante los abusos de esta secta.

* Expulsar del Poder Judicial a cualquier juez que se atreva a amenazar sus intereses [33].

* Permitir que el Gobierno, sea del color que sea, traicione al país continuadamente con total impunidad [3].

* Intimidar a los posibles rebeldes a su tiranía y devastación de España.

* Fomentar la corrupción eliminando los jueces "molestos" y premiando los jueces [26] que mediante actuaciones de dudosa honestidad favorecen sus intereses [25].

* Permitir que la Iglesia atente escandalosamente contra los bienes públicos apropiándose de lo que no le pertenece, con total impunidad [6].

1) Títulos III, IV y VI de la Constitución de 1978

2) Escolar, Ignacio. (2015) "Cinco datos sobre la amnistía fiscal de Montoro que te van a cabrear". eldiario.es

3) Piera, Antonio. (2012) "Julio Anguita: "El presidente del gobierno debería ser acusado de alta traición"" cronicapopular.es

4) Ruíz, Antonio. (2014) "Rajoy aborda la privatización de las últimas empresas públicas valiosas" eldiario.es

5) Noticias (2015) "España expoliada: El Estado da por perdidos 40.000 millones de euros del rescate de las cajas de ahorro" elespiadigital.com 17/04/2015

6) Tercera Información. (2014) "El gobierno se niega a facilitar datos de los miles de propiedades inmatriculadas por la Iglesia desde 1998" tercerainformacion.es

7) Martínez, Ramón. (2015) "Opus Dei y Poder Judicial". elespiadigital.com

8) Martínez, Ramón. (2015) "Opus Dei y medios de comunicación" elespiadigital.com

9) Martínez, Ramón. (2015) "El Opus Dei y los acosos". elespiadigital.com

10) poderjudicial.es/cgpj/es/Poder_Judicial/Tribunal_Supremo/Informacion_institucional

11) Yoldi, José. (2014) "Nuevos tiempos, viejas maneras". cuartopoder.es

12) Vara, J. Alejandro. (2013) "El juez Grande-Marlaska y la mujer de Conde Pumpido entre los vocales del nuevo CGPJ" vozpopuli.com

13) Villa, Lucia. (2012) "El juez Santiago Vidal: "Un tercio del colectivo judicial es del Opus Dei"" publico.es

14) En Portada. (2002) "El verdadero poder del Opus" Revista Tiempo de hoy. 1029, 1:14-19

15) losgenoveses.net. Federico Trillo Accidente YAK-42

16) losgenoveses.net. Caso Naseiro

17) www.losgenoveses.net/gurtel.htm

18) De Silva, Fernando. (2014) "Urge restituir en sus puestos a los jueces Baltasar Garzón y Elpidio Silva" elplural.com

19) Kaos. (2015) "Bárcenas y Naseiro. Documentos y evidencias de una organización criminal" kaosenlared.net

20) Público. (2011) "El Supremo apoya que el Opus Dei no alimente a una mujer que se dio de baja" publico.es

21)   sectaopusdei.com/querella-contra-magistrados-del-tribunal-supremo

22)   sectaopusdei.com/documentacion-de-pruebas

23)   Martínez, Montse. (2006) "El Supremo avala la separación de niños y niñas en colegios" elperiodicoextremadura.com

24)   Castaño, Federico. (2015) "La unidad de blanqueo pone la lupa sobre funcionarios, jueces y embajadores acogidos a la amnistía" vozpopuli.com

25)   EFE. (2007) "Grande-Marlaska da carpetazo al 'caso Yak-42'" cadenaser.com

26)   Vara, J. Alejandro. (2013) "El juez Grande-Marlaska y la mujer de Conde Pumpido entre los vocales del nuevo CGPJ" vozpopuli.com

27)   Muñiz, Andrés. (2013) "El PP premia con el CGPJ al juez recusado por la privatización sanitaria en Madrid" publico.es

28)   Gestión de servicios jurídicos: contracorrupcion.org/informe-estadistico

29)   Azanza, Ana. (2008) "Las financias ocultas del Opus Dei". opuslibros.org

30)   Martínez, Ramón. (2015) "Voces en la cabeza". elespiadigital.com

31)   Martínez, Ramón. (2015) "Opus Dei y golpes de Estado" elespiadigital.com

32)   Martínez, Ramón. (2015) "Los Pájaros Locos". elespiadigital.com

33)   Águeda, Pedro. (2015) "El Tribunal Supremo confirma la expulsión de Elpidio Silva de la carrera judicial". eldiario.es

34)   Martínez, Ramón. (2015) "Opus Dei y saqueo de bienes públicos". elespiadigital.com

IX- *BIPARTIDISMO Y PUCHERAZO*

Cuando en política se habla de "pucherazo", se está usando una expresión que viene de la época de la Restauración borbónica en España y se refiere a la deplorable costumbre de hacer trampas en las elecciones. Estas trampas permitían la alternancia, pactada previamente, entre los partidos liberal y conservador, y consistían en guardar las papeletas en pucheros, de donde viene el nombre que posteriormente se popularizó. Pero en realidad los métodos de hacer trampas eran múltiples, como por ejemplo usar votos de fallecidos, colocación de las urnas en lugares de imposible acceso, etc.

Si consideramos que el sistema bipartidista actual fue diseñado ya en los tiempos de Franco por el Opus Dei para perpetuarse en el poder [1], independientemente de quién fuese el partido que gobernase, vemos que esta situación tiene una asombrosa similitud con los tiempos de la Restauración borbónica al recordar la historia de España del siglo XIX. De estas similitudes las que más me llaman la atención son el bipartidismo y el pucherazo.

El bipartidismo actual es algo que no voy a demostrar puesto que es evidente. Pero el pucherazo si necesita un estudio más detallado para probar que no se trata de *"teorías [2] de la conspiración"* sino que, por el contrario, hay pruebas fehacientes de que esta práctica continúa siendo una bochornosa realidad en nuestros días.

Una premisa indispensable para que el Opus Dei se pudiese perpetuar en el poder por medio del bipartidismo en el contexto de una aparente "democracia", se entiende que es ganar siempre las elecciones. En principio, controlando los medios informativos se puede manejar la opinión pública [3] engañándola durante un periodo prolongado de tiempo, pero no eternamente. No se puede mentir y saquear un país [4] de la forma que el Opus Dei lo ha hecho por medio de sus políticos y pretender que la sociedad los siga apoyando.

Otra cosa es que difundan en los medios "encuestas" que presentan al PP como primera opción electoral. Estas "encuestas" que difunden los principales medios informativos, incluidos periódicos considerados progresistas [5], contrastan con las encuestas efectuadas por los técnicos del CIS, con datos más ajustados a la realidad (más creíbles) que revelan que el *70% de los ciudadanos rechazan al PP-PSOE* [6], los cuales denuncian que el gobierno ha manipulado los resultados. Es notable que esta denuncia de los técnicos del CIS no se publique en los medios de gran alcance. De esta forma, aunque cuesta mucho creer las estadísticas difundidas por los medios, muchos ciudadanos parecen "resignarse" ante las "evidencias" que aportan unos informativos que, al parecer, muchos consideran "respetables" y "fiables". Pero esta respetabilidad está puesta en entredicho, según se denuncia en el libro [7] "No estamos locos" de José Miguel Monzón, al revelarse que el PP paga millones para comprar el silencio de los críticos.

Otro factor muy importante a tener en cuenta y que hace sospechar sobre las garantías que ofrecen las elecciones, es el tema de los Colegios Electorales. Uno de los datos que más llama la atención sobre nuestro sistema político es que España, que es un país con casi la mitad de habitantes que Alemania les doble en número de políticos [8]. Concretamente en España hay 300.000 políticos con cargos públicos más que en Alemania. Este despilfarro no implica solo los cientos de miles de políticos innecesarios con unos sueldos escandalosos [9], sino que, además, implica el saqueo [10] de los "asesores" elegidos a dedo entre sus allegados, etc.

El abuso sobre la designación de asesores es tal, que se ha dado el caso de asesores que no tienen ni el graduado escolar, como ha ocurrido con 68 de los asesores de Rajoy [11]. La pregunta es, ¿en qué puede asesorar a un presidente de un gobierno alguien que no tiene el título de graduado escolar? También es muy sospechoso que hagan unos recortes tan brutales en educación, sanidad, etc. dejando sin trabajo a decenas de miles de profesores y médicos tan necesarios en nuestra sociedad, y que no recorten en el escandaloso número de políticos innecesarios y que, al parecer, solo contribuyen a aumentar y consolidar la corrupción [12].

En mi opinión, desde un principio, los que diseñaron el nuevo sistema político "democrático" español, tenían consciencia de su insostenibilidad económica. A esto habría que añadir el tema de la corrupción, que ha llegado al extremo de una desvergüenza inusitada por parte de cientos de políticos que estando imputados por corrupción [13] se han presentado a las listas electorales. La estrategia podría ser edificar un sistema político a modo de una extensa red que cubriese el país con cómplices del saqueo y por lo tanto colaboraran en el mantenimiento de su sistema de privilegios. Toda esta corrupción es impagable [14] pero siempre hay prestamistas que gustosamente prestan lo que saben que nunca se va a poder pagar, cuyos préstamos van a bancos que no se investigan [15], pero gracias a la complicidad de los medios de información, se tranquiliza a la población mintiendo [16] sobre las consecuencias de los "rescates".

Por supuesto, estas deudas impagables se contraen a expensas de los contribuyentes, y como "herencia" a las generaciones venideras. Así las cosas, son políticos los interventores y apoderados de las mesas electorales. Los vocales y presidentes de cada mesa electoral son designados por los concejales y alcaldes [17] en un sorteo "aleatorio" que, en mi opinión, no ofrece garantías. Sobre todo, si se sabe que la mayoría de esos políticos son del PP-PSOE, y cuando se ha demostrado que a ciertos políticos los "sorteos aleatorios" les han sido favorables de una forma casi milagrosa, como es el caso de Fabra que le ha tocado la lotería 9 veces en 10 años [18].

No estoy denunciando a todos los concejales y alcaldes de participar en pucherazos, sino exponiendo la falta de garantías en la constitución de las mesas electorales, especialmente si en los partidos de estos políticos se presentan imputados a las listas, cuando el solo hecho de estar imputado es un motivo de dimisión para cualquier político decente. Tampoco ofrece garantías dejar la formación de las mesas electorales en manos de políticos que a todas luces son parciales, y que su "bienestar" depende de los resultados de las elecciones.

También llama la atención que, en los resultados de las últimas elecciones municipales del 2015, el PP-PSOE haya sacado tan buenos resultados en los pueblos y ciudades pequeñas, precisamente donde triunfaba el pucherazo durante la Restauración borbónica.

La fórmula electoral elegida indica el interés de quienes la impusieron. En España es el sistema D'Hondt el utilizado, además de ser criticado por favorecer a los partidos mayoritarios y en consecuencia al bipartidismo.

A todo lo expuesto añadir las acusaciones contra el Ministerio del Interior, cuyo máximo responsable es un miembro del Opus Dei, de pucherazo electoral del voto exterior [19], así como intentos de miembros del PP de hacer trampas durante las elecciones en multitud de casos que se han detectado como, por ejemplo, en Melilla [20], en Almería [21], en Lugo [22], etc. etc. Todos estos casos publicados son, posiblemente, tan solo la punta de un iceberg si pensamos que es muy difícil que se hayan detectado y publicado todos sus intentos de fraude en las elecciones.

Sabiéndose como se sabe que el bipartidismo actual en España fue ideado por una secta como el Opus Dei, que es una reputada asociación de malhechores, que mienten sistemáticamente hasta el punto de incurrir en delitos, que saquean al país sin piedad, que de forma impúdica eligen a dedo a los miembros del CGPJ para garantizar su impunidad, con tantas denuncias de abusos crueles que recaen sobre esta secta [23], etc. etc. puede decirse que el refrán popular que dice: "Piensa mal y acertarás", refrán que no comparto puesto que no es aplicable a todas las personas, tratándose del Opus Dei, según su trayectoria, no dan lugar

a otra opción que pensar así de ellos.

1) Martínez, Ramón. (2015) "Opus Dei y medios de comunicación" elespiadigital.com

2) Barret, Kevin. (2015) "Teoría de conspiración: una búsqueda de la verdad" elespiadigital.com

3) Martínez, Ramón. (2015) "El Opus Dei y la mentira" elespiadigital.com

4) Martínez, Ramón. (2015) "Opus Dei y saqueo de bienes públicos". elespiadigital.com

5) Cortizo, Gonzalo. (2015) "El PP se mantiene como primera opción electoral con tres puntos de ventaja sobre el PSOE" eldiario.es

6) Espía en el Congreso. (2014) "La manipulación de las encuestas: el 90% rechaza a Rajoy y Rubalcaba, 80% al régimen y 70% a PP y PSOE" espiaenelcongreso.com

7) Monzón, José Miguel. (2013) No estamos locos. Barcelona: Planeta

8) A.V. (2012) "España tiene el doble de políticos que Francia o Alemania, según asesores de Moncloa" vozpopuli.com

9) Huertas, Ángeles. (2014) "Los otros políticos" eldiario.es

10) Espía en el Congreso. (2015) "¿Comienza el saqueo?: los partidos "colocan" asesores" espiaenelcongreso.com

11) Agencias. (2013) "El Gobierno reconoce que para ser asesor del presidente no hace falta ninguna titulación" huffingtonpost.es

12) Toribio, Beatriz. (2012) "PP y PSOE se oponen a recortar las dietas por alojamiento de diputados y senadores" lainformacion.com

13) 15mpedia.org. Wiki: Lista de políticos imputados

14) Laborda, Juan. (2013) "La deuda impagable de España" vozpopuli.com

15) EFE. (2012) "El Congreso rechaza investigar la crisis bancaria" lne.es

16) El Captor. (2015) "Siete desmentidos en torno a las "magnánimas virtudes" del rescate a la banca en España" elcaptor.com

17) infoelectoral.mir.es/informacion-general-para-los-miembros-de-mesa *"Las Mesas electorales forman parte de la Administración Electoral, junto con las Juntas Electorales. A la Mesa electoral le corresponde presidir el acto de la votación, controlar el desarrollo de la votación y realizar el recuento y el escrutinio. La Mesa electoral está integrada por un Presidente o Presidenta y dos Vocales. El nombramiento de los integrantes de la Mesa electoral es competencia de cada Ayuntamiento y se eligen por el Pleno Municipal mediante sorteo público, utilizando cualquier procedimiento aleatorio o mecanismo al azar. Este sorteo se realiza entre la totalidad de personas censadas en la Sección que tengan menos de 70 años y sepan leer y escribir, si bien a partir de los sesenta y cinco años de edad se podrá manifestar la renuncia en el plazo de siete días. Quedarán excluidos quienes alcancen la mayoría de edad en el plazo comprendido entre la formación de las listas de electores y la votación. El Presidente o Presidenta deberá tener el título de Bachiller o el de Formación Profesional de segundo grado o, subsidiariamente, el de Graduado Escolar o equivalente. Se designarán dos suplentes por cada miembro de la Mesa electoral (dos por cada uno de los Vocales, y otros dos suplentes para el Presidente o Presidenta de la Mesa) Los sorteos se realizan entre los días vigésimo quinto y vigésimo noveno posteriores a la convocatoria. A los designados por el Pleno Municipal, se les notifica su condición de miembros de Mesa durante los tres días siguientes al sorteo, aunque si se produce más tarde, el retraso no será causa invalidante de la designación. Junto con la notificación les será proporcionado un Manual de Instrucciones para los Miembros de las Mesas Electorales. La designación como miembro de Mesa*

para un proceso electoral, no supone la continuidad de la designación para el siguiente, aunque nada impide que, en virtud del sorteo, se pueda ser designado miembro de Mesa electoral en procesos consecutivos."

18) A Carlos Fabra le ha tocado la lotería 9 veces en 10 años. (2012) Programa de lasexta "Salvados" de Jordi Evole.

19) Marea Granate. (2014) "Censos que cierran sin previo aviso: el enésimo pucherazo electoral del voto exterior" eldiario.es

20) Blasco De Avellaneda, J. (2015) "La Policía retiene a un miembro del PP en Melilla tras ser sorprendido entregando votos en Correos" lasprovincias.es

21) El Plural. (2015) ""Pillado" un alcalde del PP de Almería con numerosos votos en Correos y con más en la sede del partido y casa de un candidato" elplural.com

22) Lombao, David. (2015) La Guardia Civil investiga al PP por el presunto "acarreo" de votos entre ancianos "con demencia"" eldiario.es

23) Sánchez, Cristina. (2014) "La cuarta planta de la Clínica Universitaria del Opus en Navarra bajo sospecha". elespiadigital.com

X- *OPUS DEI Y GOLPES DE ESTADO*

La relación entre golpes de Estado y la secta Opus Dei es manifiesta en numerosos países hispanohablantes, y aunque los miembros del Opus nieguen esta relación, no pueden ocultar el desprecio que sienten hacia la democracia, una democracia que brilla por su ausencia en su organización y que por medio de su partido el PP, ha demostrado sus "maneras" a base de mentir [1] y legislar suprimiendo derechos [2]. Interesantes las declaraciones del historiador de Franco y miembro del Opus Dei:

"Yo siento un profundo desprecio hacia la democracia". Así de tajante se mostraba en enero de 2010 Luis Suárez, el historiador que ha sorprendido al mundo académico por sus reseñas sobre Franco y Escrivá de Balaguer en el Diccionario Biográfico de la Real Academia de Historia -obra que ha sido financiada con dinero público [3].

Pero además de su abierto desprecio por la democracia, existen pruebas de que el Opus Dei ha estado implicado en numerosos golpes de Estado en Hispanoamérica. Estas pruebas vienen documentadas en el libro de Michael Walsh [4] "El mundo secreto del Opus Dei", libro del que voy a extraer algunos datos:

a)   El profesor Brian Smith, en su libro "The Church and Politics in Chile" (1982) afirma que sus miembros estuvieron entre los primeros administradores principales del brutal y opresivo régimen militar del general Pinochet. Estos datos están en concordancia además con la precipitada visita del fundador del Opus Dei a Chile, cuando solo habían transcurrido unos meses del cruento golpe, como se muestra en el documental [5] "Una cruzada silenciosa".

b)   Penny Lernoux, un escritor afincado en Bogotá, afirma: "El Opus Dei y 'Patria y Libertad' (un grupo terrorista de ultraderecha) trabajaron juntos en Chile durante los años de Allende, y el general Juan Carlos Onganía, dictador de Argentina de 1966 a 1970, tomó el poder después de hacer un retiro religioso auspiciado por el Opus Dei. (Lernoux, 1980:305) [6].

c)   El oficial encargado de la brigada que mató a Torres, una especie de Che Guevara eclesiástico y un héroe para los radicales católicos de Latinoamérica, es ahora general. Dirige una revista del Opus en Bogotá.

d)   En Colombia, durante la campaña para las elecciones presidenciales en los primeros meses de 1986, "PROMEC", la cadena de Televisión propiedad de miembros del Opus, apoyó al más conservador de todos los candidatos conservadores, excesivamente pro americano y totalmente opuesto a hablar de paz con los movimientos guerrilleros del país.

De forma adicional, se podría incluir un interesante artículo del año 1966 "Entre el Pentágono y el Opus Dei" del número 15 de la revista Punto Final [7], que confirma la pertenencia al Opus Dei del dictador argentino Onganía relacionándolo con el Pentágono. Es importante la fecha en la que se publicó el artículo, porque siendo anterior a 1969, año en el que el opusino López Bravo tomó la cartera de exteriores [8], revela que ya había algún tipo de relación o colaboración del Opus con el Pentágono de forma que los neoliberales que dominaban EEUU, al parecer, vieron la utilidad de esta secta para sus fines. En mi opinión, teniendo en cuenta la dependencia económica de España con la gran potencia durante aquella época, podría haber sido un factor decisivo para que Franco "perdonase" al Opus por el escándalo Matesa en 1968, y concediese a la secta la práctica totalidad de los ministerios en 1969.

Además de los casos documentados en la obra de Michael Walsh, del que he expuesto algunos ejemplos, hay casos posteriores a la publicación de este libro en 1990. Por ejemplo, el golpe de Honduras en 2009, donde un miembro del Gobierno del presidente Zelaya acusa al Opus Dei de ser el determinante del golpe de Estado [9]. En "El Opus Dei en Honduras. La Iglesia católica en el Golpe", un estudio elaborado por el sociólogo Marco Burgos, se denuncia la implicación del Opus en el Golpe y se afirma [10]: "Podemos asegurar que el Opus Dei aspira a anular el Estado laico y crear en Honduras un Estado regido por su propia moral y visión fundamentalista del mundo". También es interesante saber que el Gobierno de Valencia, una de las provincias más "emblemáticas" del brazo político del Opus Dei, el PP, adjudicó 116.540 EUR a una fundación investigada por la fiscalía boliviana por golpismo en Bolivia [11].

En el intento de golpe de Estado de Venezuela, se sabe que España colaboró por medio del Gobierno de Aznar

(Gobierno del Opus) y comprobamos que los medios de comunicación españoles participaron en esta farsa [12], lo que resta, en mi opinión, mucha credibilidad a los informativos españoles cayendo en un descrédito difícil de superar, y que viene a corroborar el control que tiene el Opus Dei sobre los medios de información.

Para evidenciar como la prensa española apoyaba a los golpistas [13], solo hay que ver los titulares de primera página del día 13 de abril de 2002 en El Mundo "Venezuela derroca a Chávez" y en El País "Venezuela fuerza la renuncia de Chávez". Ese mismo día se dedicaron calificativos positivos al golpista Pedro Carmona: "nacido para el diálogo" (El Mundo) "un hombre tranquilo" (El País). Mientras que para el presidente constitucional se reservaban calificativos de "Golpe al caudillo" (El País) o "estrafalario" (El Mundo) y "Venezuela dijo basta a Chávez" (ABC).

Un hecho mucho más reciente muestra la condena de los países del ALBA (Alianza Bolivariana para los Pueblos de Nuestra América-Tratado de Comercio de los Pueblos "ALBA-TCP") a los intentos golpistas en Ecuador [14]. Un ejemplo más de amenazas neoliberales de golpes de Estado a democracias de países hispanohablantes cuando no se someten a sus "saqueos". Aunque en el artículo no se habla expresamente del Opus Dei, si se denuncia "una conspiración de los grandes centros de poder mundial" que yo identificaría con los lobbies internacionales entre los que se encuentra el Opus Dei, como se describe en el artículo [8] "Opus Dei como lobby internacional".

Si el Opus Dei tiene el control del Estado español desde tiempos de Franco y, como hemos visto, está meridianamente clara su implicación en distintos golpes de Estado, o intentos de golpes de Estado, es de suponer que el intento de golpe de Estado del 23-F de 1981 en España, fue algo en lo que el Opus Dei tuvo probablemente algo que ver. Según la escritora y miembro del Opus Dei, Pilar Urbano, "para Suárez, estaba clarísimo que el alma de la Operación Armada [15] era el Rey y que nace en Zarzuela", y aunque en principio ningún miembro del Opus me ofrece la menor credibilidad a causa de la demostrada costumbre patológica de mentir en esa secta, parece ser que en efecto el Rey tuvo conocimiento de los hechos antes de que ocurriesen. No es mi intención aquí disertar sobre la veracidad de las distintas versiones que se han dado para explicar lo que pasó realmente el 23-F. Pero en la línea que se sitúa este capítulo, a saber, la relación entre la secta Opus Dei y los golpes de Estado, sí hay algunos datos que, en mi opinión, habría que tener en cuenta:

a)   El papel decisivo del Opus Dei para que Franco decidiese elegir a Juan Carlos heredero del régimen como Rey de España [16].

b)   La necesidad de "legitimar" una monarquía impuesta sin plebiscito por una secta. Gracias al "intento de golpe de Estado", el Rey aparece como el "salvador" de la "democracia" que estamos viendo en el actual sistema bipartidista [17] que el Opus diseñó ya en tiempos de Franco [18].

c)   Tanto Juan Carlos I como su hijo Felipe VI han tenido un preceptor del Opus Dei [16].

d)   No hay en la actualidad un solo alto cargo militar en activo que no haya sido elegido a dedo por los políticos del bipartidismo, al igual que tienen un control similar sobre los componentes del Consejo General del Poder Judicial [19].

De estas observaciones, y los datos aportados en este artículo, me atrevería a concluir que tal y como está constituido el sistema bipartidista en España, los organismos del Estado están dominados por una secta que no dudaría en intentar un golpe de Estado si, por azares del destino, una fuerza política fiel los intereses de España y en contra de los evasores de capital a paraísos fiscales, ganase las elecciones. De los españoles depende seguir creyendo que han votado [17] a un partido que se niega a investigar los paraísos fiscales [20], que también se niega a investigar [21] la "crisis bancaria" que ha sido pretexto para regalar inmensas fortunas de dinero público [22] y que, además, ofrece amnistía fiscal [23] a los jueces que gracias a las listas de Falciani, se les ha descubierto cuentas con dinero ilegal en Suiza [24].

1) http://votaycalla.com/tag/mentiras-del-pp
2) Pérez, Raquel. (2015) "Los siete derechos fundamentales que limita la Ley Mordaza" eldiario.es
3) El Plural. (2011) "El historiador de la biografía de Franco: "Yo siento un profundo desprecio hacia la democracia"" elplural.com
4) Walsh, Michael. (1990) El mundo secreto del opus dei. Barcelona: Plaza & Janés
5) Una cruzada silenciosa. (2006) Película documental. Dirigida por Jean de Certeau, Marcela Said. Chile: Valparaiso producciones, TV5 Monde.
6) Lernoux, Penny. (1980) Cry of the People: United States Involvement in the Rise of Fascism, Torture, and Murder and the Persecution of the Catholic Church in Latin America. New York: Doubleday
7) Huasi, Julio. (1966) "Entre el Pentágono y el Opus Dei". Revista Punto final. 15, 1: 10-11.
8) Martínez, Ramón. (2015) "El Opus Dei como lobby internacional" elespiadigital.com
9) Cano, Arturo. (2009) "Opus Dei, determinante en el golpe: ministro asesor de Zelaya" La Jornada
10) Periódico El Universal, Tegucigalpa, Hon. Lunes 18 de enero de 2010
11) El Plural. (2011) "El Gobierno valenciano adjudicó 116.540 euros a la fundación investigada por golpismo en Bolivia" elplural.com
12) Segarra, David. (2004) "Múltiples testimonios implican al gobierno de Aznar en el apoyo al golpe de estado en Venezuela de 2002" rebelion.org
13) Rodríguez, Olga. (2013) "El presidente Chávez. ¿Presidente?" eldiario.es
14) Tercera información. (2015) "Los países del ALBA condenan "enérgicamente" intentos golpistas en Ecuador" tercerainformacion.es
15) A.V. (2014) "Pilar Urbano: "El Rey nos salvó in extremis de un golpe que había puesto en marcha a modo de solución"" vozpopuli.com
16) Casas, José. (2002) "Las redes del Opus". Revista AUSBANC. Sept. 2002.
17) Martínez, Ramón. (2015) "Bipartidismo y pucherazo". elespiadigital.com
18) Martínez, Ramón. (2015) "Opus Dei y medios de comunicación" elespiadigital.com
19) Martínez, Ramón. (2015) "Opus Dei y Poder Judicial". elespiadigital.com
20) EFE. (2012) "El PP impidió la creación de una subcomisión sobre paraísos fiscales". Publico.es
21) EFE. (2012) "El Congreso rechaza investigar la crisis bancaria" lne.es
22) Noticias (2015) "España expoliada: El Estado da por perdidos 40.000 millones de euros del rescate de las cajas de ahorro" elespiadigital.com 17/04/2015
23) Escolar, Ignacio. (2015) "Cinco datos sobre la amnistía fiscal de Montoro que te van a cabrear". eldiario.es
24) Castaño, Federico. (2015) "La unidad de blanqueo pone la lupa sobre funcionarios, jueces y embajadores acogidos a la amnistía" vozpopuli.com

XI- *VOCES EN LA CABEZA*

En el año 2007 el diario estadounidense Washington Post publicó un artículo muy especial titulado Mind Games [1]. El artículo trataba sobre un fenómeno en Internet de comunidades de personas, las cuales se quejaban que sus respectivos gobiernos usaban tecnologías que les producían "voces en la cabeza" con el fin de controlar sus mentes. El artículo admitía la posibilidad de que quizá todas estas personas estuviesen "locas", pero advertía que las fuerzas armadas de EEUU habían adquirido armas que podían producir "voces en la cabeza".

En realidad, la existencia de estas tecnologías está documentada desde mucho antes. Estas patentes de 1988 (patente US4877027) y de 1983 (patente US4858612) no solo demuestran que existen aparatos capaces de producir "voces en la cabeza", sino que, además, cualquier estudiante de Ciencias Físicas puede fabricar estos aparatos a partir de material que se encuentra disponible en cualquier tienda de electrónica. Pero a pesar de las evidencias que existen sobre los avances en neurociencias, y que están al alcance de quien desee informarse [2], la sociedad en general tiene una ignorancia casi absoluta sobre este tema, como muestra

el programa de TV rusa en español de Daniel Estulin [3]
"Control mental. El sueño dorado de los dueños del
mundo".

Es interesante notar, como los medios de comunicación de gran alcance pretenden convencer de que oír
"voces en la cabeza" solo puede ser debido a esquizofrenia,
sin atender a la más mínima posibilidad de que pueda
tratarse de una agresión realizada con las tecnologías anteriormente documentadas. La sociedad descrita por Orwell
en su obra "1984" es a menudo recordada cuando se
compara con la sociedad actual donde, desafortunadamen-
te, se tiende a mentir en los medios de comunicación, y a
medida que se filtran informaciones sobre los abusos de
gobiernos claramente corruptos, cada vez es de más actualidad ver noticias sobre los intentos de estos gobiernos de
controlar a los ciudadanos vulnerando su intimidad, como
muestran los informes de Snowden [4].

La fea costumbre de experimentar con seres humanos,
es algo que tuvo su auge en la Alemania nazi, pero no parece ser tan conocido el hecho de que EEUU tomó a muchos de esos "neurocientíficos" nazis para continuar las investigaciones en neurociencias utilizando a sus propios ciudadanos americanos como animales de experimentación en
proyectos como el MK-Ultra, Operación Paperclip, etc.
Es decir, no les bastaba con utilizar monos, gatos y otros
animales en sus experimentos, sino que además experimen-
taban con seres humanos en contra de su voluntad, lo que
constituye a todas luces crímenes contra la humanidad.

La falta de transparencia es algo a lo que estamos habi-
tuados a ver en los gobiernos occidentales, unos consiguen
camuflar esta falta de transparencia mejor que otros. Pero

la tendencia a desacreditar [5] cualquier crítica a la versión oficial de los gobiernos, con descalificaciones como "teorías de la conspiración", viene siendo un denominador común en todos aquellos países donde la hegemonía de los sucesivos gobiernos de EEUU es patente.

Se sabe que están experimentando con los ciudadanos, y con frecuencia, sin que muchos de ellos sepan siquiera que están siendo víctimas de estas agresiones. Estos abusos han dado lugar a sitios de Internet donde se denuncian estas prácticas aportando información en EEUU sobre implantes ilegales [6].

Otros países donde se experimenta con los ciudadanos son Suecia, Francia, España, etc. En Suecia, por ejemplo, algunas víctimas han tenido la suerte de tener preparación universitaria, y de poder reunir fuerzas para investigar y crear sitios web donde se denuncia e informa sobre las tecnologías con las que se perpetran estos abusos, como es el caso de una víctima sueca que denunciaba que la policía le implantó sin su consentimiento un aparato electrónico en el cerebro durante los años 1990. Se trata de un estudiante de Ciencias Físicas que, tras formarse y tomar experiencia en la especialidad de técnicas de láser, decidió profundizar durante unos años más con estudios intensivos en la biblioteca de la Universidad, cuando al cabo de 2 años notó que era vigilado las 24 horas del día. La web contiene dos versiones: en sueco y en inglés [7], y otra víctima sueca que es completamente actual de los años 2010 es Magnus Olsson [8] quien, por cierto, intervino como experto en el programa de Daniel Estulin sobre neurociencias [3]. Pero en España, aunque hay constancia documentada del interés en neurociencias, y que distintos ministros han estado implicados en estos proyectos ilegales desde el principio en los gobiernos del Opus Dei durante la dictadura, como se documenta en la revista Scientific American [9], apenas hay constancia de víctimas que hayan creado sitios web para denunciar e informar sobre estos abusos, a excepción de mi propio caso [19].

Esta falta de víctimas documentadas, no significa necesariamente que, en España, país donde ya en 1963 un neurocientífico, el doctor Delgado [10], demostraba que podía dominar la conducta de un animal con un implante de un aparato en el cerebro, no existan tales víctimas. No hay que olvidar que sobre el Opus Dei recaen muchas denuncias sobre abusos, y precisamente destacan en materia psiquiátrica por prácticas poco ortodoxas como muestra un artículo publicado en El Espía Digital sobre la Cuarta Planta de la Clínica Universitaria del Opus [11]. La dificultad está en que la falta de información hace que muchas víctimas crean realmente que están enfermas, y descarten la posibilidad de estar siendo objeto de una agresión.

Pero incluso si las víctimas tuviesen consciencia de estar siendo agredidas, no podrían obtener protección de las autoridades, porque como vemos en España, las autoridades piden a la sociedad que rece a la Virgen del Rocío [12] para salir de la "crisis" mientras que regalan decenas de miles de millones a los bancos sin investigarlos [13], se oponen abiertamente a que la UE tome medidas contra los paraísos fiscales [14], los miembros del órgano de Gobierno del Poder Judicial son elegidos a dedo por partidos reputadamente corruptos [15] y la transparencia brilla por su ausencia.

Sin pretender entrar en lo que los corruptos han dado en llamar "teorías de la conspiración", vamos a intentar

analizar un caso de un escritor de Navarra, Miguel González Purroy [16], que reconoce tener "esquizofrenia" por oír
"voces en la cabeza", y que escribe un libro sobre sus experiencias como "esquizofrénico" llegando a vender 7000
ejemplares. Curiosamente, el libro ha sido publicado por
una editorial que no está especializada en medicina o psiquiatría sino en asuntos religiosos: La editorial DESCLEE
DE BROUWER. En Navarra es sabido que el Opus tiene
allí su feudo por excelencia, hasta el punto de tener una
universidad completamente de su propiedad, la Universidad
de Navarra, aunque los medios prefieren decir que la
Universidad está "vinculada" al Opus Dei, intentando así
esquivar la apariencia de que el Opus tenga propiedades.

No parece que sea casualidad que este escritor tenga
como libro favorito "la Biblia", personaje histórico favorito
"Jesús", tenga 10 hermanos y no le guste el cine. Tampoco,
parece que sea casualidad, que venda 7000 libros si el tema
es de interés del Opus Dei, como se documenta en el
capítulo 6 del libro [17] *"El fin secreto del Opus Dei"*: *"basta que
un escritor mediocre escriba sobre temas apreciados por el Opus Dei
para que sus libros sean publicados y multivendidos, a veces con varias
reediciones, gracias a las editoriales de la Obra o satélites de ella. Ese
autor, que en el mercado libre no se comería una rosca, gracias al
Opus Dei adquiere el boato de ser un escritor que vende miles de
ejemplares".*

¿Cuál puede ser el interés del Opus en difundir la obra
de este escritor? Teniendo en cuenta el contenido del libro,
no parece muy descabellada la idea de que el Opus esté
interesado en demostrar que oír "voces en la cabeza" solo
puede deberse a esquizofrenia, y que se cura mediante "medicación". Si además sumamos el descarado interés de esta
secta en neurociencias y la despreciable costumbre de abrir

la correspondencia a sus "víctimas", la inmensa cantidad de denuncias de sus ex-miembros por abusos, la reputada corrupción de su brazo político el PP, por no hablar de sus "emblemáticos" F. Trillo, J. Cotino, etc. No es muy forzado pensar que el Opus esté detrás de las "voces en la cabeza" de mucha gente.

Mientras exista una corrupción tan intolerable, así como la absoluta falta de transparencia que desacredita las instituciones del Estado, no es razonable hablar de "teorías de la conspiración", si el poder del Estado lo usurpa una secta conspiradora [18] como es el Opus Dei, y al mismo tiempo esté documentada la existencia de tecnologías que permiten estas agresiones que se manifiestan como "voces en la cabeza".

1)   Weinberger, Sharon. (2007) "Mind Games" washingtonpost.com

2)   http://neurogadget.com/category/bci Web sobre tecnologías basadas en Brain Computer Interface.

3)   Control mental. El sueño dorado de los dueños del mundo. (2013) Programa de RT "Desde la sombra" de Daniel Estulin

4)   Gómez, Ana. (2015) "El Gran Hermano, tu nuevo 'follower'" huffingtonpost.es

5)   Barret, Kevin. (2015) "Teoría de conspiración: una búsqueda de la verdad" elespiadigital.com

6)   www.freedomfightersforamerica.com/illegal_biomedical_implantation_nanotech

7)   home.swipnet.se/allez/IntroEng.htm

8)   www.mindcontrol.se

9)   Horgan, John. (2005) "The forgotten era of Brain". Revista Scientific American. 293, 1: 66-73

10)   Martínez, Antonio. (2011) "Ha muerto José Manuel Rodríguez Delgado, el hombre que intentó el "control de la mente"" lainformacion.com

11)   Sánchez, Cristina. (2014) "La cuarta planta de la Clínica Universitaria del Opus en Navarra bajo sospecha". elespiadigital.com

12)   Redacción. (2014) "¿Cuál es el papel de la Virgen del Rocío en la salida de la crisis?" laicismo.org

13)   Noticias (2015) "España expoliada: El Estado da por perdidos 40.000 millones de euros del rescate de las cajas de ahorro" elespiadigital.com 17/04/2015

14)   Martínez, Ramón. (2015) "Opus Dei y saqueo de bienes públicos". elespiadigital.com

15)   Martínez, Ramón. (2015) "Opus Dei y Poder Judicial". elespiadigital.com

16)   González Purroy, Miguel. (2001) Diario de un esquizofrénico. Bilbao: DESCLEE DE BROUWER

17)   Yvan de ExOpus. (2007) "El Fin Secreto Del Opus Dei". Web ExOpus

18)   Calais, Irene. (2013) "Federico Trillo, la historia de una gran mentira (5): El conspirador" elespiadigital.com

19)   http://sectaopusdei.com

XII- *EXTRAÑA EXPERIENCIA*

Este capítulo está dedicado enteramente a dar mi testimonio como víctima del Opus Dei, y por lo tanto está sujeto a mis recuerdos sobre desagradables experiencias que he sufrido durante el tiempo que, desgraciadamente, he estado expuesto a las felonías de la gente de esta secta.

Recuerdo que cuando mis padres decidieron que yo estudiase veterinaria, porque había una larga y antigua tradición familiar de veterinarios por parte de mi madre, el padre de la mujer de mi hermano, que era supernumerario del Opus y que frecuentaba nuestra casa, nos convenció de lo maravilloso que era un Colegio Mayor donde él había hecho retiros espirituales organizados por la Obra en Córdoba. Este opusino sabía que me tenía que desplazar a esa ciudad porque era donde se encontraba la Facultad de Veterinaria más cercana a Granada. Yo por aquel entonces no sabía del Opus más que eran muy beatos y les gustaba mucho el dinero. Pero como mi familia era católica y de derechas, el Opus no le parecía mal.

El colegio que por aquel entonces (1980) se llamaba Colegios Mayores de las Cajas de Ahorros de Córdoba, en la actualidad se llama Colegio Mayor Nuestra Señora de la

Asunción. Más tarde pude comprobar que los que iban a ese colegio solían tener una relación con el Opus de una forma u otra y que en mi caso, que nunca me interesó su organización, supuso una vivencia horrible como una pesadilla por el hecho de estar entre ellos y no ser de los "suyos". Recuerdo un comentario de un colegial que estaba trabajando provisionalmente de conserje, que dijo en una ocasión: "si alguien colabora se le ayuda, pero si no, ¡hay que hundirlo!" y esto último lo dijo levantando la voz.

Algo que me llamó la atención, fue que el subdirector que era del Opus comenzó a llamarme "el sobrino". Después comprendí que la razón de llamarme así, era un hermano de mi abuela materna que era el jefe del negociado de personal laboral del Ministerio de Obras Públicas desde hacía más de 30 años (todo el personal laboral del ministerio a nivel estatal, incluido el ministro, estaban bajo su jurisdicción). Yo no sabía por aquel entonces nada de quien era en realidad mi tío, y mucho menos un jefe de negociado, pero me extrañó que el subdirector del colegio supiese más que yo sobre mi propia familia. También me extrañó que por aquel entonces mi madre me presentase al catedrático de alimentación y nutrición de la Facultad, que decía que había sido compañero de mi abuelo, y que llamándome "inteligente", dijo que las personas "inteligentes" se interesaban por milagros enseñándome revistas que trataban de esto y otras nigromancias.

En el referido colegio mayor sufrí acoso y agresiones como, por ejemplo, enviarme a un fornido colegial para agredirme, porque le habían dicho que yo le había destrozado unas gafas de sol. El subdirector del colegio que era supernumerario del Opus, me dijo que él sabía que yo no había sido, pero que "esto es para que veas como las gastamos". También entraron en mi habitación cuando yo no estaba y tiraron todas mis cosas (ropa, libros, etc.) por la ventana. Realmente llegaron a crearme una situación de hostilidad en la que llegué a temer seriamente por mi vida. Cuando llamaba llorando a mi madre, para decirle que eran del Opus, que me estaban haciendo la vida imposible y que me quería ir de allí, ella me decía que eran imaginaciones mías y que me quedase y aguantase hasta final de curso, porque faltaban solo unas semanas para acabar. También recuerdo que un estudiante del colegio me preguntó sobre qué haría yo si me internaran en un manicomio. La pregunta me extrañó mucho, pero pocos años más tarde fui internado ilegalmente como se demuestra en la documentación de la querella criminal que interpuse contra Magistrados del Tribunal Supremo [1].

Recuerdo que, por aquel tiempo, cuando residía en ese colegio dirigido por el Opus Dei, una mañana me levanté con un dolor muy extraño en la cara, detrás de la nariz. Este dolor extraño me duró bastante tiempo, semanas, lo que es más extraño aún. Cuando dejé los estudios de veterinaria, ya en Granada, poco tiempo después, comencé a sufrir acosos por la calle por parte de gente que yo ni siquiera conocía. Y gradualmente empecé a escuchar voces en mi cabeza. Decían cosas como " te vas a enterar lo que es la Obra", "todo lo que hagas va a ser para nosotros", "es como los cerdos, da pena, pero hay que matarlos para poder comer nosotros", "si no nos sirve para nada, al menos utilizaremos sus órganos para que así nos sirva para algo", etc.

Aunque en un principio asociaba las voces en la cabeza a un internamiento forzoso e ilegal en la clínica privada la Inmaculada de Granada, incidente que refiero en la Carta al

Presidente del Gobierno [2] y que expliqué con más detalle en la entrevista con Cristina Sánchez para elespiadigital.com [3], más tarde he relacionado el dolor en la cara que tuve cuando estaba en el colegio de Córdoba con esta tecnología, a causa de unas imágenes e información encontrada en Internet sobre implantes ilegales en medicina.

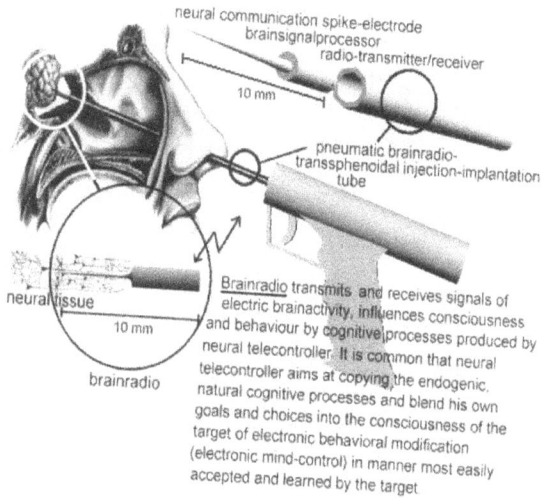

neural communication spike-electrode
brainsignalprocessor
radio-transmitter/receiver

10 mm

pneumatic brainradio-
transsphenoidal injection-implantation
tube

neural tissue

10 mm

brainradio

Brainradio transmits and receives signals of electric brainactivity, influences consciousness and behaviour by cognitive processes produced by neural telecontroller. It is common that neural telecontroller aims at copying the endogenic, natural cognitive processes and blend his own goals and choices into the consciousness of the target of electronic behavioral modification (electronic mind-control) in manner most easily accepted and learned by the target.

Para terminar este capítulo, además de la carta dirigida al presidente del Gobierno [2], incluyo un ensayo sobre la relación entre sectas destructivas y los servicios secretos que aporta información y fuentes indispensables para entender por qué una secta como el Opus pueda tener acceso a las tecnologías desarrolladas por la agencia militar gubernamental americana DARPA. ·

Relación entre sectas destructivas y los servicios

secretos:

El problema de las sectas destructivas es mucho más grave de lo que mucha gente puede imaginar. Pero a pesar de las indeseables consecuencias que conlleva que miembros de estas sectas ocupen cargos relevantes en el Estado, apenas se habla en los medios sobre esta amenaza.

En España el Opus Dei representa, al igual que en otros muchos países hispanohablantes, un ejemplo de cómo se saquea un país sistemáticamente por medio de sus socios, los cuales ocupan los puestos claves del Estado. A pesar de ser público que todo el dinero del Opus Dei es dinero negro, no solo no se persigue a esta secta, sino que se le da protección. Lo que no es tan conocido, es que existe relación entre el Opus Dei y los servicios secretos de EEUU, como se manifiesta en los golpes de Estado en Hispanoamérica y en su peso en el mundo occidental. Pero el Opus Dei no es la única secta que guarda relación con la CIA.

El autor A.L. Moyano afirma sobre el Hare Krisna en su obra: Sectas. La amenaza en la sombra, lo siguiente:

"la secta no hubiera logrado fraguarse sin la colaboración de Allen Ginsberg, uno de los principales apóstoles del movimiento psicodélico, que fue quién facilitó todos los medios materiales para su desarrollo. Timothy Leary, a quién se señala como colaborador de la CIA en su experimentación con LSD para controlar la conducta, también aparece vinculado como impulsor de los Hare Krisna. Se convertiría en el anfitrión que introduciría oficialmente a la secta en San Francisco."

Esta información desvela que la CIA lleva buscando desde al menos los años 50 del siglo XX, mediante por ejemplo el proyecto MK-Ultra, un control absoluto de la voluntad humana y si se tiene en cuenta, como se ha documentado en muchas ocasiones, que los servicios secretos de las grandes potencias se han financiado mediante el narcotráfico, tráfico de armas, etc. se podría asegurar que ciertos servicios secretos actúan como organizaciones criminales muy poderosas que eluden la acción de la justicia, demostrando así estar muy por encima de las leyes a las que no respetan.

Es evidente que por medio de las sectas destructivas y su proselitismo se puede obtener de forma masiva individuos que no solo están dispuestos a trabajar gratis, sino que además tienen una fidelidad ciega a sus gurús. Si son del Opus Dei, del Hare Krisna, cienciólogos, etc. no importa, el resultado es el mismo.

En el libro Claves Ocultas Del Poder Mundial[5], hay un capítulo, Las sectas de la CIA, donde se recogen numerosos ejemplos de sectas en las que sus fundadores han tenido una relación directa con la CIA, como la secta del Templo del Pueblo de la Guayana[6], secta Moon[7], Hare Krisna, etc.

Una prueba de lo extensas que pueden ser estas redes de sectas peligrosas en la sociedad occidental se documenta mediante mi propia experiencia con la anécdota de torcer la boca, una anécdota que revela conexión entre sectas a nivel internacional.

Cuando leí el artículo sobre la cuarta planta de la clínica del Opus, hubo algo que me llamó especialmente la atención. Fue que las víctimas de acosos en España decían que los acosadores "torcían la boca" para molestarlas. El artículo se escribió en el año 2014 pero inmediatamente lo relacioné con un suceso acaecido en Suecia en el año 1995:

"En Gotemburgo, un día que me subí a un autobús noté que todo el mundo me estaba mirando fijamente en silencio. Mi reacción fue torcer la boca, no porque yo tuviera costumbre de hacerlo, ni tampoco porque lo hubiese visto antes. Tan solo fue una reacción nerviosa ante una situación inesperada y molesta. Después de este incidente noté como mucha gente que no conocía torcía la boca al cruzarse conmigo. En Estocolmo es aún peor. Mi caso debió ser importante en la sociedad sueca por el hecho de que un español en aquel tiempo llegase pidiendo asilo."

Para quien no conozca mi caso personal puede leer la carta que dirigí en su día al presidente del Gobierno Rodríguez Zapatero[2].

Las consecuencias de que miembros de sectas controlen el Estado, son ya por desgracia conocidas en España: La justicia funciona para beneficio de los suyos, los colegios de los suyos se financian a costa de aumentar la precariedad en la enseñanza pública, hacer negocio con lo público, desaparece dinero público sin investigarse a donde ha ido a parar (por ejemplo, cuotas a la Seguridad Social, dinero recaudado por la Ley de Tasas en los juzgados, etc.) y por supuesto, no se conoce tanto el enorme daño psíquico que se causa a esas víctimas de sectas, que son cruelmente tratadas para conseguir dominarlas y explotarlas incondicionalmente.

Que una secta como el Opus Dei tenga acceso a tecnologías avanzadas en neurociencias y haya compartido relevantes neurocientíficos con la CIA, como ha sido el caso del Doctor Delgado, es una muestra de hasta qué punto existe relación entre ambas oscuras organizaciones.

Vamos a profundizar en el caso del Dr. José Delgado:

En la edición de octubre del año 2005 la revista Scientific American publicó un artículo de John Horgan titulado "Chips The Forgotten Era of Brain" que trataba de los trabajos del español Dr. José Manuel Rodríguez Delgado, polémico catedrático de fisiología de la Universidad de Yale y pionero de la investigación sobre la estimulación cerebral en los años 60 del siglo XX. El artículo observaba que sus importantes trabajos apenas eran conocidos en la actualidad y se preguntaba el porqué.

El Dr. Delgado nació en Ronda (Málaga) en 1915. En 1946 recibió una beca de la Universidad de Yale y ya en 1950 fue invitado por el prestigioso fisiólogo John Fulton a unirse a su departamento de fisiología. En los años 1960 el profesor Delgado se hizo famoso por inventar el "Estimociver" un aparato (un chip) que implantado en el cerebro podía registrar y estimular selectivamente la actividad cerebral mediante control remoto. De esta forma era posible manipular la conducta y el estado anímico de los animales y las personas tan solo con apretar un botón. El experimento que le dio fama mundial fue el que realizó en 1963 en Córdoba con un toro bravo, al cual le implantó un chip en el cerebro y, con un control a distancia, apretando un botón detenía al toro cuando intentaba embestirlo.

En 1952 fue coautor del primer trabajo de investigación sobre el implante de electrodos de larga duración en el cerebro humano, y en las dos décadas siguientes el Dr.

Delgado implantó electrodos en pacientes de esquizofrenia y epilepsia. En 1969 describió sus investigaciones sobre la estimulación cerebral en animales y personas con un análisis de sus implicaciones en su libro: "El control físico de la mente: hacia una sociedad psicocivilizada" libro que despertó una gran atención internacional, al mismo tiempo que recibía críticas por su alarmante tono aureal ya que afirmaba que la neurotécnica estaba a punto de conquistar la mente.

En una revisión que realizó de este libro Philip Morrison en Scientific American, afirmaba que era un "informe serio y actual" sobre experimentos de estimulación eléctrica en neurofisiología, pero calificaba las implicaciones de "amenazadoras". Pero Philip Morrison no fue el único científico que criticó el libro del Dr. Delgado. Peter Breggin en una declaración remitida al Congreso, acusó al Dr. Delgado y a otros neurocientíficos de intentar crear una sociedad en la cual quien se desviara de la "norma" sería mutilado quirúrgicamente. Concretamente señaló al Dr. Delgado como "el gran apologista del totalitarismo tecnológico".

Por aquellos años, el Dr. Delgado empezó a recibir acusaciones de gente que afirmaba que el polémico científico les había implantado en secreto chips en el cerebro. En medio de estos escándalos, Villar Palasí, ministro de Educación y Ciencia del Gobierno franquista de tecnócratas del Opus Dei, le invitó a hacerse cargo de organizar la nueva Facultad de Medicina de la Universidad Autónoma de Madrid. El ministro ofreció unas condiciones de investigación tan buenas que el Dr. Delgado no pudo rechazar, y en 1974 se trasladó a España con su familia. En la versión española de Scientific American, Investigación y Ciencia, esta información sobre las condiciones tan ventajosas ofrecidas por el ministro de los tecnócratas se oculta, al igual que otras informaciones que se detallarán más adelante.

En España el Dr. Delgado se centró en métodos de investigación cerebral no invasivos, sin implantes. Se anticipó a técnicas modernas de estimulación transcraneal e inventó aparatos para estimular selectivamente el sistema nervioso por medio de emisión de impulsos electromagnéticos.

A mediados de los años 1980 unos documentales de la BBC y la CNN citaron los trabajos del Dr. Delgado como prueba circunstancial de que las dos grandes potencias, EEUU y la antigua Unión Soviética, podrían haber desarrollado en secreto armas para controlar a distancia la mente humana.

Aunque el Dr. Delgado niega haber trabajado para la CIA y califica de "teorías de la conspiración" a quienes lo relacionan con las actividades de experimentación ilegal con humanos, lo cierto es que las investigaciones del Dr. Delgado fueron financiadas tanto por entidades civiles como militares, entre otras la Oficina de Investigación Naval.

El psiquiatra Colin A. Ross en su obra The C.I.A. Doctors: Human Rights Violations by American Psychiatrists afirma lo siguiente: "Una carta del director de la CIA, Allen Dulles, al Secretario de Defensa fechada el 3 de diciembre de 1955 confirma que la CIA financió investigación de La Armada, La Marina y varias universidades. La carta identifica específicamente los cuerpos químicos de La Armada y la Oficina de Investigación Naval". En este libro en concreto se dan datos de las cantidades de dinero que recibió el Dr. Delgado de la Oficina de Investigación Naval por empleos como investigador en los años 1954, 1955, 1956 y 1960 y que suman un total de casi 40.000 USD por cuatro años de trabajo, una cantidad nada despreciable en aquellos tiempos. El objeto de las investigaciones financiadas por el Ejército tenían relación con la conducta humana.

Al tratarse de proyectos de experimentación ilegales con seres humanos, es difícil que los psiquiatras participantes deseasen reconocer públicamente su participación, pero, no obstante, se conoce un gran número de neurocientíficos que han trabajado para las FFAA americanas o directamente para la CIA como Donald Ewen Cameron, Henry Alexander Murray, Dr Sem-Jacobsen, etc. gracias a documentos que se han salvado de su destrucción, testigos y otras fuentes.

Al final del artículo de la revista Scientific American el Dr. Delgado hace unas reflexiones y unas preguntas que no aparecen en la versión española Investigación y Ciencia. Se trata del lado oscuro que tiene todo avance tecnológico, especialmente en neurociencias. Todo avance tiene un lado bueno y un lado malo. Depende de quien lo use y para qué. Se han visto aplicaciones en medicina que han permitido a los inválidos mover prótesis con sus pensamientos (ondas cerebrales) y a sordos recuperar el oído. Pero si esos avances son para usos militares, y muchos neurocientíficos incluido el Dr. Delgado han trabajado para las FFAA de EEUU, las consecuencias pueden ser aterradoras. No menos preocupante es que el Dr. Delgado haya trabajado también para un gobierno de tecnócratas del Opus Dei que, según los testimonios recogidos en el artículo sobre la cuarta planta de la clínica del Opus, el Opus es una secta que ha mostrado una falta total de escrúpulos en la forma de tratar a sus víctimas.

Las preguntas y respuestas que da el Dr. Delgado en la versión americana del artículo son las siguientes:

¿Puedes evitar el conocimiento? No puedes
¿Puedes evitar la tecnología? No puedes
Las cosas van a seguir adelante a pesar de la ética, a pesar de sus creencias personales, a pesar de todo.

De esta forma, con estas preguntas y afirmaciones, el Doctor José Manuel Rodríguez Delgado daba a entender que el progreso era inevitable con todas las consecuencias que esto suponía. Pensemos, por ejemplo, en qué ha supuesto para la humanidad el desarrollo de la energía nuclear. Unos avances que ponen en peligro la existencia del propio planeta en caso de un conflicto militar con uso de armas nucleares, las cuales desgraciadamente se han multiplicado peligrosamente por parte de las grandes potencias.

En una entrevista de la UNED al Dr. Delgado emitida el 26 de enero de 2003 se muestra que ya en 1975 realizó un trabajo sobre la comunicación de animales entre cerebro-ordenador. Esta sería la base para lo que hoy se conoce como Brain Computer Interface, que es la tecnología utilizada en Telepatía Artificial.

En el capítulo II del libro de Jesús Ynfante La prodigiosa aventura del Opus Dei: génesis y desarrollo de la santa mafia, se describe como el Opus Dei acaparó el monopolio del CSIC (Centro Superior de Investigaciones Científicas) durante la dictadura franquista y de esta forma se manifiesta la relación entre el Dr. Delgado y el Opus Dei ya que el Dr. José Rodríguez Delgado fue el director del Departamento de Investigación del Instituto Ramón y Cajal dependiente del CSIC.

Un hecho interesante a resaltar es que el incidente ocurrido en Córdoba en 1983, descrito en el presente capítulo, coincide con el tiempo en el que el Dr. Delgado se encontraba en España donde era el director del Departamento de Investigación del Instituto Ramón y Cajal. No deja de llamar la atención que esta extraña experiencia ocurriera en Córdoba, ciudad donde 20 años antes, en 1963, el Dr. Delgado realizara el experimento que le dio fama mundial al controlar a distancia a un toro mediante el implante de un chip en el cerebro del animal.

Mis sospechas de que el Dr. Delgado pudiese estar implicado en los sucesos descritos en mi extraña experiencia, están fundadas en las conocidas denuncias de implantes ilegales que este polémico neurocientífico arras-traba en sus espaldas cuando fue invitado por el Gobierno de tecnócratas del Opus Dei para hacerse cargo del centro de investigación de neurociencias dependiente del CSIC.

A pesar de existir documentación que prueba la existencia de proyectos inhumanos de la CIA como el MK-Ultra[5], parece ser que se impone la idea de que todo este asunto de experimentación ilegal con humanos pertenece a las "teorías de la conspiración" y por lo tanto nada para tomar en serio. Esto no es más que una prueba más de como se moldea la opinión pública sobre temas que debieran tomarse muy en serio.

1)   sectaopusdei.com/querella-contra-magistrados-del-tribunal-supremo

2)   Extracto de la carta enviada a Zapatero cuando ganó las elecciones en 2004 con la ingenua esperanza de que pudiese ayudarme: *"Dirigido al presidente del Gobierno Sr. Rodríguez Zapatero. José Ramón Martínez Robles...... expone: En junio de 1988 un Juez de Granada, conocido por ser del Opus o allegado, autorizó que me internaran en un centro psiquiátrico mediante una providencia y con un certificado de domicilio de contenido falso que le daba aparente competencia, entre otras muchas irregularidades.*

En un principio fui defendido por abogados de oficio ante la evidencia y gravedad de los delitos, pero todos los fiscales y magistrados que conocieron el caso dijeron siempre que no había indicio alguno de delito en lo que claramente puede usted comprobar que puedo demostrar. Al llegar a la última instancia interna en el Tribunal Constitucional, gracias a la colaboración de la Fiscalía y del Consejo General de la Abogacía, me denegaron el abogado de oficio al que tenía derecho por ley y mediante una resolución que no tenía pie de recurso, lugar al que recurrir ni el plazo correspondiente, se cerraba el caso.

Ante esta situación, comprendí que cualquier juez del Opus podía de forma ilegal internarme con la mayor impunidad, y viendo que el Opus se atrevía a actuar con tal prepotencia durante el gobierno del PSOE, y como estaba viendo venir que con sus mentiras y maquinaciones iban a conseguir ganar las elecciones, no me quedó más opción que el exilio. Elegí Suecia, por no ser un país católico y por la buena imagen en lo referente a Derechos Humanos y la buena acción del socialismo sueco liderada por Olof Palme.

Desgraciadamente, al llegar a Suecia me dijeron que en Suecia hay unos poderes que dominan el Estado de forma similar al Opus en España, y que todo apunta que fueron estos poderes los responsables del asesinato de Olof Palme, al igual que la recientemente asesinada ministra socialista de asuntos exteriores Anna Lind. Por esta razón me siento en peligro también aquí en Suecia y voy a explicar las razones de por qué solicito la protección del Gobierno que usted representa, así como los delitos que no puedo demostrar si no me dan su protección.

Procedo de una familia católica tradicional de derechas. Aunque ellos no eran en un principio del Opus, parece ser que gracias a mi hermano que se casó con una mujer donde todos sus padres y hermanos eran miembros del Opus, terminaron siéndolo ellos también. Debido a que desde que yo tenía 14 años siempre fui ateo, y que manifestaba abiertamente mi opinión sobre que la religión solo era mitología y que la Iglesia Católica era un fraude (no olvidar el tema de los milagros, la lujuriosa riqueza del Papa, etc., etc.) esta postura abierta me causó muchos problemas con mis padres, pero las cosas empeoraron cuando el Opus llegó a mi casa. Entonces mis padres y hermanos comenzaron a hablar de mí a mis espaldas susurrando, y decían que yo estaba loco. Además, gente que no conocía de nada, comenzó a hostigarme por la calle, con insultos e incluso agresiones. Un día fui conducido mediante engaños a un ambulatorio privado de Granada que se llamaba la Inmaculada creo recordar, y me encamaron a la fuerza. No sé qué me hicieron allí, pero el caso es que empecé a sentir voces en la cabeza que me decían cosas como "te vas a enterar lo que es la Obra" "te vamos a internar en un manicomio" "todo lo que hagas va a ser para nosotros" "da pena, es como los cerdos, hay que matarlo para poder comer nosotros" etc. etc. Poco más tarde fui internado a la fuerza en un centro psiquiátrico de una forma ilegal como usted podrá comprobar si lee la documentación que le envío. Aunque el psiquiatra que estaba de guardia y que me hizo un reconocimiento la noche que me internaron (que a todas luces no era del Opus) escribió que me veía muy asustado pero que ningún trastorno de interés y que esquizofrenia a descartar, el psiquiatra que llegó al día siguiente, que era del Opus, escribió de mí lo que quiso, me medicaron a la fuerza causándome trastornos psicomotrices y al cabo de 10 días pude salir sin autorización judicial bajo la coacción de seguir un tratamiento que claramente me dañaba.

Al salir me puse en contacto con medios de comunicación, periódicos, puse denuncias en todos los niveles del Estado, etc., etc. Pero seguían insultándome y amenazándome en mi cabeza. Ante las muchas denuncias que enviaba, les oía decir "vamos a tener que avisarles para que no le hagan caso". También decían "¿sabes lo que es la interdicción entre los poderes públicos?" de esta forma parece ser que me querían dar a entender que la versión que ellos diesen iba a prevalecer ante las pruebas de delitos que yo aportaba. Hablaban de la ley como cosa de tontos que se lo creen y del Estado como algo que fuese de su propiedad.

Los llevo escuchando día a día desde que me levanto hasta que me acuesto desde 1988. A veces cuando me despierto, escucho: "empieza a grabar que ya se despierta".

Cuando llegué a Suecia, además de los habituales que solía escuchar en mi cabeza, comencé a escuchar gente nueva que hablaba español con acento extranjero. Hoy los escucho en sueco. Aquí en Suecia pude averiguar que ya en los años 60, la policía sueca en colaboración con las autoridades sanitarias, implantaba aparatos electrónicos en cerebros de gente involuntaria. Cuando leí esto, llamé al Consejo de Ética Médica aquí en Estocolmo, me confirmaron que era cierto, aunque negaban que estas prácticas se hiciesen hoy en día. Lo cierto es que los síntomas de estas víctimas es que tienen voces en la cabeza, y el asesino de Anna Lind, se quejaba de tener voces en la cabeza, lo que me hace sospechar en un asesinato claramente político por parte de, probablemente, los mismos que asesinaron a Olof Palme.

Por esta razón me siento también en peligro en Suecia, ya que las autoridades permiten que me torturen y humillen continuamente tanto suecos como españoles del Opus, y me pregunto la relación del Opus con esta gente en Suecia. Por esta razón le pido protección a su Gobierno."

3)   Sánchez, Cristina. (2015) "Exclusiva: El Opus Dei un depredador de almas y dinero". elespiadigital.com

4) Martínez, Ramón. (2016) "Telepatía artificial" elespíadigital.com

5)   George Andrews (2001). MKULTRA : The CIA's Top Secret Program in Human Experimentation and Behavior Modification. Winston-Salem, NC: Healthnet Press

6) Meiers, Michael. (1988) Was Jonestown a CIA Medical Experiment? a Review of the Evidence. United States: Em Texts

7) Zyssholtz, Nicolás (2015) "Citando a la CIA y la secta Moon: ¿Qué es el Washington Times?" notasperiodismopopular.com.ar

J.R Martínez

XIII- *TELEPATÍA ARTIFICIAL*

La palabra telepatía es algo que para la mayoría es sinónimo de fenómenos paranormales, pero esta acepción se ha quedado obsoleta desde que existen tecnologías basadas en Brain Computer Interface (BCI). Si atendemos a su etimología y no a la acepción peyorativa que tenemos de esta palabra, debido en gran parte a la cantidad de literatura que ha sido inspirada en la fantasía y no en la ciencia, podemos entender que con la tecnología actual la palabra telepatía tiene una acepción completamente distinta.

Telepatía es una palabra compuesta que proviene del griego y significa experiencia a distancia (tēle=lejos; pathéein= experimentar) y esta palabra se creó para designar la transmisión de pensamientos a distancia. Lógicamente hasta no hace muchas décadas esta palabra pertenecía solo al ámbito de las pseudociencias. La causa del malentendido es que muchos creen que la telepatía trata solamente sobre la transmisión de pensamientos de cerebro a cerebro sin mediación tecnológica. Pero las cosas han cambiado desde que se empezó a desarrollar la tecnología de interfaz cerebro-ordenador, en inglés Brain *Computer Interface* [1](BCI).

El origen de estas tecnologías nació en el siglo XIX con el descubrimiento de la naturaleza eléctrica del cerebro. Más tarde en 1924 se consiguió registrar la actividad cerebral gracias a la electroencefalografía, pero no fue hasta 1970 cuando se empezó a investigar con los primeros dispositivos BCI, y ya en 1990 se aplicaban los primeros aparatos médicos que funcionaban siendo dirigidos por el pensamiento de los pacientes, como por ejemplo en ciertos tipos de prótesis [2]. Es bastante llamativo el hecho de que fuese la agencia militar americana DARPA (Defense Avanced Research Projects Agency) [3] una de las agencias pioneras en la investigación de aplicaciones de tecnologías basadas en Brain Computer Interface.

Lógicamente una empresa militar raramente se preocupa por desarrollar tecnologías para usos médicos, sino más bien para usos militares, lo que implica capacidad de controlar o destruir a un posible enemigo. Como es de suponer, los logros de esta empresa en el campo de BCI con aplicaciones militares, por razones obvias de seguridad no han salido a la luz, aunque es significativo que en solo dos décadas de investigación ya existiesen aparatos comerciales usados en medicina, capaces de leer las ondas cerebrales y funcionar dirigidos por estas. Se sabe que EEUU es el país por excelencia de mayor gasto militar del mundo [4], y por esta razón, se entiende que pueda ser la potencia que más gasta en investigación militar. Sería una gran ingenuidad creer que una agencia militar como DARPA, disponiendo de mejores medios que las empresas civiles, hubiese conseguido menos avances tecnológicos si es que nos guiamos por sus publicaciones sobre sus avances en tecnologías basadas en BCI.

Hace tiempo que se desarrollan aparatos que funcionan

siendo controlados por la mente no solo para usos médicos, también para juegos etc. como muestra una carrera de drones [5] en EEUU o una carrera de coches [6] en Barcelona. En la actualidad existe una web especializada [7] en aparatos basados en BCI.

La capacidad de transmitir pensamientos de cerebro a cerebro a distancia por medio de tecnologías basadas en BCI, dejó de ser una materia de ciencia ficción cuando en el año 2014 se publicó en el mundo entero la noticia de que la comunicación de pensamientos entre cerebro y cerebro se había llevado a cabo con éxito [8] entre dos personas situadas a 8000 kilómetros de distancia. Una de las empresas que colaboraron para hacer posible esta comunicación telepática fue la empresa española Starlab [9] que está especializada precisamente en investigar sobre nuevas tecnologías basadas en neurociencias.

En general existe un gran escepticismo sobre los avances en neurociencias en la sociedad, en gran medida a causa de una gran ignorancia. A esta situación contribuye el silencio de los medios informativos de gran alcance que dan más prioridad a temas deportivos que a temas científicos contribuyendo, en mi opinión, de forma decisiva al mantenimiento de una sociedad apática y desinteresada por temas que pueden afectar a su seguridad.

El hecho de que se haya publicado en el año 2014 la noticia de haberse realizado una comunicación telepática de cerebro a cerebro con éxito, confirma que la telepatía artificial es posible, pero esto no quiere decir que este tipo de comunicaciones no se hayan realizado con anterioridad.

Según el testimonio de Magnus Olsson [10] en un

programa de RT [11] sobre neurociencias, estas tecnologías han sido y siguen desarrollándose por ciertos países para fines militares. Países como EEUU, España, Suecia, Francia, etc., han estado experimentando con ciudadanos como si fuesen conejillos de indias con total impunidad ante el silencio de la mayor parte de los medios de comunicación. Que estas armas basadas en neurociencias se usan contra la población civil está corroborado por la cantidad de denuncias de ciudadanos [12] que se quejan de ser acosados por sus respectivos gobiernos. Concretamente en España se denuncia el uso de estas tecnologías basadas en neurociencias en un artículo sobre la clínica del Opus Dei de Navarra [13] y también el interés del Opus por las neurociencias desde tiempos de la dictadura de Franco. Muchos se muestran escépticos ante esta situación de ignorancia en la sociedad, que muestra la ilusión que viven muchos ciudadanos al creer que sus países son democráticos y sus gobiernos jamás permitirían vulneraciones de Derechos Humanos [14] de ese calibre, situación que da lugar a que las víctimas no se puedan defender al ser estigmatizadas por la sociedad como enfermos mentales.

Hay muchas cosas horribles que probablemente tarden años en salir a la luz, pero hasta entonces, según la información aportada en este capítulo, nadie puede decir que la telepatía artificial es hoy en día algo imposible o perteneciente a la pseudociencia.

1) http://bci.cs.washington.edu
2) http://www.bbc.com/mundo/noticias/2012/12/121217_brazo_robotico_paralisis_men
3) http://en.wikipedia.org/wiki/DARPA
4) http://www.cia.gov/library/publications/the-world-factbook/rankorder/2034rank.html
5) http://www.20minutos.es/noticia/2745178/0/drones/controlados-por-la-mente/carrera
6) http://artilugio.ru/bci/15604-juego-de-carreras-de-coches-con-control-mental-en.html
7) http://neurogadget.com/category/bci
8) Grau, Charles & Ginhoux, Romuald. (2014) "Conscious Brain-to-Brain Communication in Humans Using Non-Invasive Technologies" journals.plos.org

9) www.starlab.es
10) www.mindcontrol.se
11) Control mental. El sueño dorado de los dueños del mundo. (2013) Programa de RT "Desde la sombra" de Daniel Estulin.
12) Weinberger, Sharon. (2007) "Mind Games" washingtonpost.com
13) Sánchez, Cristina. (2014) "La cuarta planta de la Clínica Universitaria del Opus en Navarra bajo sospecha". elespiadigital.com
14) Martínez, Ramón. (2015) "Voces en la cabeza". elespiadigital.com

J.R Martínez

XIV- *EL OPUS DEI Y LOS ACOSOS*

El Opus Dei cuenta con numerosos miembros y allegados que, en su mayoría, están disueltos discretamente en la sociedad. El hecho de estar organizados jerárquicamente y tener una voracidad por los bienes ajenos fuera de lo común, los convierte en un potencial peligro para la seguridad de las personas que, individualmente, poco pueden hacer para defenderse contra una maquinaria que dispone de inmensos recursos y personal, al parecer engranados en un fin común, y que además cuentan con los instrumentos del Estado para conseguir lo que desean con total impunidad.

De las numerosas prácticas delictivas de esta secta habría que resaltar de entre las más peligrosas la práctica de los acosos para conseguir sus fines, que en ocasiones ha llegado a desenlaces mortales como muestra este caso extraído de un trabajo del sociólogo y Doctor en Derecho Alberto Moncada sobre esta secta [1]:

"Una familia de dinero de Barcelona, muy exhibida por el Opus, una de cuyas hijas, numeraria, decidió salirse y, tras muchas dificultades, lo consiguió, yéndose a vivir con una prima suya. Pero sus

anti-guas correligionarias no cesaron de perseguirla, incluso por la calle has-ta que la chica se tiró por una ventana. La gente de su ambiente que-dó muy impresionada, aunque la familia no dejó traslucir la trage-dia."

La conducta de esta familia no es una excepción. Parece ser que las familias allegadas al Opus Dei acostumbran a colaborar en el encubrimiento de los delitos cometidos por esta secta, y como se menciona en el texto, la causa del acoso era, como es habitual, el dinero. La secta Opus no iba a dejar escapar tan fácilmente a una presa perteneciente a una familia "adinerada".

Un testimonio importante es el de Miguel Fisac, conocido arquitecto español, que perteneció al Opus desde sus comienzos conociendo al fundador del Opus con el que convivió y tuvo amistad. Estos son algunos textos sacados de su testimonio [2]:

"Conozco a bastantes que se han salido de la Obra, a los que se ha perseguido"

Este otro texto muestra coacción, al parecer causada por "su generosidad":

"Después de intentar salirme del Opus Dei, año tras año, al conseguir, en Roma, que me dejaran salir, Álvaro Portillo me dijo: "Miguel, quiero pedirte perdón por la coacción que te hemos hecho para que no te fueras, porque has sido tan generoso que nos parecía que tenías vocación."

Y este otro texto describe la "marca de la casa" refiriéndose a la forma que le persiguieron:

"Conocí la "marca de la casa" de no perseguirme directa-mente sino por medio de supernumerarios, cooperadores o amigos de unos u otros numerarios y supernumerarios"

Naturalmente hay muchos más casos documentados y muchas veces de mayor gravedad, como muestra este texto extraído del artículo sobre la cuarta planta de la Clínica Universitaria del Opus [3] que describe el destino que, en general, tienen las víctimas acosadas por esta secta mediante continuas hostigaciones:

"Los siervos de a pie son los encargados de provocar en el infortunado paciente algunos de los síntomas que lograrán dar con sus huesos en el hospital, la cárcel o el psiquiátrico".

La técnica de acoso consiste con frecuencia en producir mediante insistentes provocaciones una reacción violenta en la víctima, la cual o bien llega a cometer un delito, o bien le causan un estado de alteración de forma que cuadre con los síntomas de una psicosis.

Los testimonios del artículo sobre la Cuarta Planta me sorprendieron al ver la cantidad de similitudes entre los acosos descritos, y mis vivencias como víctima, algunas de estas similitudes están documentadas en mi propio testimonio [4]:

"Las cosas empeoraron cuando el Opus llegó a mi casa. Entonces mis padres y hermanos comenzaron a hablar de mí a mis espaldas susurrando, y decían que yo estaba loco. Además, gente que no conocía de nada, comenzó a hostigarme por la calle, con insultos e incluso agresiones."

De los testimonios recogidos en las fuentes referidas, se

deduce la inquietante sensación de impotencia que produce saber que vivimos en una sociedad donde una organización criminal tiene controlados los poderes del Estado, de tal forma que los ciudadanos vivimos expuestos no solo a un saqueo sin límites de los bienes públicos, sino que, además, estamos a merced de que esta secta nos elija a cualquiera de nosotros a su antojo sin que nadie pueda ayudarnos a protegernos. El hecho de estar organizados y controlar los instrumentos del Estado les confiere una peligrosidad social enorme.

Aunque las causas de persecución suelen ser económicas, en ocasiones se trata de acabar con quienes pueden poner en peligro los intereses de la secta, como muestra un artículo [5] sobre el opusino Federico Trillo y sus acosos a jueces que han tenido la "osadía" de investigar la corrupción de su partido el PP [6]. Pero en contra de como plantea el artículo, la fidelidad del opusino Trillo a Rajoy y Aznar, en mi opinión, tal fidelidad no es en realidad hacia ellos, porque tanto Rajoy como Aznar solo son figuras visibles de los intereses de un lobby, y Trillo, por lo tanto, solo es fiel a los intereses de ese lobby del que forma parte [7] y que tantos privilegios le ha permitido tener [8], a saber, el Opus Dei.

Sus acosos no solo se limitan a personas, sino que también pueden acosar mediáticamente a partidos políticos e incluso a países como Venezuela y Bolivia [9] que han sufrido las amenazas de un golpe de Estado. Es muy interesante este análisis de *Íñigo Errejón* [10] sobre la posición del diario El País como ejemplo de manipulación mediática, en el que la editorial pretende encasillar a Podemos como "un socio subalterno y dócil del Partido Socialista", y vemos como "la editorial fija los límites de lo tolerable, y reivindica de forma naturalizada para El País el derecho a adjudicar posiciones".

Así, según he podido entender, el bipartidismo es lo único permisible y no se tolera la más mínima posibilidad de considerar otra alternativa.

En relación a lo ya mencionado sobre la Cuarta Planta, hay un dato que me ha llamado la atención en especial, y es el contenido en una declaración de una víctima sobre las técnicas usadas de acoso: *"conversaciones en el rellano soltando su nombre de vez en cuando."* Esta descripción coincide con la sensación que yo tenía al principio, antes de que los acosadores me mostraran que podían comunicarse conmigo directamente en mi cabeza por medio de la tecnología descrita en el capítulo XI sobre "Voces en la cabeza", y que abarca los años desde que dejé el Colegio Mayor de Córdoba controlado por el Opus en 1984 al año en el que me internaron ilegalmente en 1988. Durante un periodo de casi cuatro años estuve siendo víctima de acosos sin saber que lo hacían por medio de tecnologías clandestinas, y aunque muchos crean que la telepatía artificial es un tema de ciencia ficción, quizá cambien de opinión visitando la web sobre tecnologías [11] basadas en BCI (Brain Computer Interface) que contiene numerosos artículos sobre aparatos que funcionan leyendo el pensamiento, y que están siendo usados desde hace tiempo en medicina con parapléjicos, en juegos con vehículos dirigidos a distancia con la mente, etc.

A continuación, voy a incluir una descripción de los acosadores mediante mi testimonio como víctima, así como una valoración de las conductas tipificadas como delitos según el Código Penal español. Aunque mi testimonio lo publiqué hace años, el que se añade en el presente capítulo (los párrafos entre comillas) está ampliado con comentarios y referencias a hechos que muestran, tras años de gobierno del PP (partido del Opus) una asombrosa similitud entre las características que describí en su momento sobre los que me acosaban, y las actuaciones de los políticos del PP en los últimos años. Espero que mi testimonio pueda ayudar a investigadores sociales, policía y otros profesionales con competencia en seguridad, así como en defensa de la Ley.

De la misma forma que intervenir un teléfono se suele denominar de forma coloquial "pinchar el teléfono", voy a usar la expresión "pinchar la cabeza", a la utilización de las tecnologías ya mencionadas en este artículo.

Perfil general

«*Normalmente suelen ser varones, aunque en ocasiones también he escuchado voces femeninas. Las edades son variables, aunque por lo general suelen ser adolescentes y hombres más bien de edad madura. Su nivel cultural suele ser bastante bajo y especialmente entre los de edad madura, que en su mayoría se notan gente rústica, yo diría que hasta son analfabetos. Todos muestran un gran desprecio por la dignidad humana, y tienen muy bajo concepto de sí mismos (esto lo deduzco de sus propias afirmaciones reconociendo que son auténtica basura). Aunque no es la norma, entre la gente madura, a veces hay algunos que no parecen tan rústicos y hasta se las dan de eruditos.*"»

Sobre este párrafo tengo que añadir, que cual sería mi sorpresa cuando, años después, me enteré que 68 de los asesores de Rajoy no tenían siquiera el título de Graduado Escolar [12].

«*Especialmente los jóvenes, tienen insistentes "muletas" idiomáticas, repitiendo continuamente frases como "¡no veas!" "¡ya ves!" etc. La frase más repetida es "¡hijo puuuta!", y he llegado a pensar de algunos de ellos, que su vocabulario se reduce tan solo a unas pocas palabras, por lo que no pueden construir otras frases. Hay* uno de edad madura que solo dice "¡eres immbécil!" " ¡eres immbécil! "…"»

«Si hay una palabra que pueda definir en sentido amplio a esta gente, es "sordidez". Parecen odiar todo lo que signifique valores opuestos a la sordidez, en cambio son muy favorables a la mentira, la cobardía, venderse por dinero, etc. Parece que desean que todo el mundo esté a su altura. Quizá sea esta la razón por la que tienen el vicio de poner "apodos" a todos los que pueden, y se les puede reconocer (especialmente a los jóvenes) por esta frase: "le vamos a llamar…", y abusan de este vicio hasta el límite del ridículo. Así, si estoy poniendo comas cuando escribo, dicen: le vamos a llamar "El Comas", etc. etc. Entre los mayores (de edad madura) es bastante común, hablar con diminutivos. Por ejemplo: no dicen queso o huevo, sino "quesillo" o "huevecillo". Si se refieren a un plato dicen "platillo", independientemente de si el plato es enorme o no.»

«También me parece interesante mencionar que, especialmente entre los de edad madura, todo lo disocian hacia ellos. Por ejemplo, si voy a comer o a dormir, dicen: "nos comes", "nos duermes", etc.»

«La mentira es algo inherente a ellos. Son capaces de negar, lo que a todas luces todos pueden ver. Pero ellos se hacen los "locos" sistemáticamente. Es frecuente entre ellos afirmar cosas que no son verdad con un grado de cinismo inimaginable. Por poner un ejemplo: En su cinismo, con frecuencia me dicen, que me gusta tenerlos en mi cabeza»

En relación a la mentira, ver el capítulo IV sobre El Opus Dei y la mentira que contiene numerosos ejemplos y fuentes.

«También les gusta mucho acusarme de defectos de los que ellos son representantes en su máximo exponente. Por ejemplo, dicen *"tendrás cara" cuando lo que ellos hacen conmigo es el máximo exponente de lo que es tener "cara dura", etc., etc.. Estas actitudes forman parte de su desver-güenza»*

Ante esto y solo por poner un ejemplo, recordar como el PP ha acusado al PSOE de antidemocrático en un acto de falta de vergüenza [13]. También es muy típico de la gente que me acosa decirme en mi cabeza si lo que pienso es legal o no. Parece ser que les preocupa mucho la ley y la legalidad cuando no son de los suyos, mientras que ellos delinquen sin pudor, no solo en mi cabeza, sino que también encubriendo delincuentes económicos como los jueces que se han acogido a la amnistía fiscal [17], etc., etc. [18]. El lector puede imaginar el grado de desvergüenza de estos acosadores, quienes cometiendo dolosamente crímenes de lesa humanidad se atreven a decirle a la víctima que lo que piensa es ilegal.

Para comprender mejor hasta qué punto son canallas, hay que pararse a pensar que supone el hecho de someter a alguien a una vejación semejante mediante estas tecnologías desarrolladas en neurociencias, y usarlas para insultar, provocar, burlarse, amenazar, etc. con la seguridad de que la víctima no se puede defender porque nadie daría credibilidad a estos crímenes, cometidos con una cobardía que revolvería el estómago a cualquier persona con un grado mínimo de autoestima. Pero tras provocar en la víctima legítimos pensamientos hostiles hacia los autores de tan cobardes vilezas, los agresores te reprochan que lo que piensas es "ilegal". No puedo evitar encontrar cierto parecido entre la conducta de estos agresores y la del PP con su "ley mordaza", que, tras saquear el país sin piedad, prohíbe mediante leyes claramente inconstitucionales que se denuncien sus abusos [19].

«La homosexualidad parece ser muy común en ellos. Muchos de ellos tienen un habla un tanto mariconil, además de someterme a acosos sexuales, que me humillan aún más que si no hubiese estas connotaciones. Pero, no obstante, parece que les molesta reconocer sus tendencias sexuales. Lo que no acabo de entender sobre ellos. La mayoría son excesivamente rijosos, y parece que el sexo es lo más importante que puedan tener en su mente»

Sobre el tema de la homosexualidad, aunque lo intentan ocultar como pueden, hay referencias sobre la presunta homosexualidad de Rajoy [14] y sobre el ex-presidente del CGPJ Carlos Dívar [15], que, a pesar de hacerse público junto a un escándalo de malversación, fue defendido incondicionalmente por la mayoría de los vocales del CGPJ que a su vez habían sido puestos a dedo por el PP.

«Les gusta acosar y hostigar. No paran de insultarme y amenazarme. Pero las burlas se llevan el primer premio. Si hay algo que a esta gente le gusta, es burlarse de los demás que no son "de los suyos". Entre las amenazas, es muy usual la expresión: "te vamos a coger entre todos y...." normalmente las amenazas son de agresiones físicas, pero también de internarme en un psiquiátrico y cosas parecidas. Me parece importante señalar, que nunca hablan en singular sino en plural (no dicen "te voy a....", sino, "te vamos a...."). Esto denota la fuerte dependencia de grupo, de forma que un individuo aislado parece que no se atrevería a hacer nada»

«Mentalidad exclusiva e intransigente. Suelen decir que si no eres de los nuestros estás en contra de nosotros. La expresión "de los nuestros" es muy típica de ellos»

«Todos tienen una mentalidad autoritaria, de forma que, con frecuencia, se dirigen a mí en tono de dar órdenes. Es muy frecuente

entre ellos, saltar a la menor oportunidad para decir, ¡exacto! o, ¡exactamente! como si fuese imprescindible que ellos diesen su aprobación a todo. También me parece importante resaltar el acentuado egocentrismo que tienen. Todos coinciden en la característica de creer que todo lo que yo hago o pienso es para demostrarles algo, o para impresionarlos o tonterías por el estilo. A pesar poder sentir mis sensaciones, parecen incapaces de interpretarlas de forma correcta. En su afán de estar siempre por encima, intentan aparentar que lo saben todo, siendo muy frecuente que se inventen lo que hablan. Esto lo he podido comprobar repetidas veces. Lo cierto es que con frecuencia parecen querer quedar como una "autoridad"»

«En relación al sentido de la propiedad, parece que creen que todo está hecho para que ellos lo disfruten. También, al menos en España, hablaban como si el Estado fuese de su propiedad y de la Ley como cosa de tontos que se lo creen. Parecen no diferenciar entre Dios y ellos, porque en muchas ocasiones me han dicho que todo lo que haga va a ser para Dios, pero en muchas otras ocasiones me han dicho que todo los que haga va a ser para ellos. Esto lo repetían especialmente en los primeros años, cuando me empezaron a pinchar la cabeza»

Sobre el sentido de la propiedad que tiene el Opus Dei sobre los bienes ajenos ver los capítulos VI (Saqueo de bienes públicos) y XIV (Religión como pretexto para la delincuencia).

«En ocasiones cuando me despierto, dicen: "empieza a grabar que ya se despierta"»

«Realmente, desde un principio, siempre tuve la impresión de que buena parte de los que me pinchaban la cabeza, especialmente los adultos, eran delincuentes comunes que debían de haber estado en la cárcel, y que los tenía en la cabeza porque eran gente que no servía

para otra cosa. En mi opinión es muy posible que el Opus, en su avidez por explotar víctimas, haya podido reclutar adeptos entre los delincuentes comunes en prisiones, y dado su poder, le haya conmutado la pena a cambio de sus servicios o algo por el estilo»

Sobre mi sospecha de que el Opus se nutre de delincuentes que son indultados a cambio de sus servicios, pude ver con posterioridad un artículo sobre los indultos "tradicionales" de Semana Santa por medio de las cofradías [16].

«Lo expuesto hasta ahora ha sido en referencia a gente de habla castellana. La gente de habla sueca suele ser más bien madura, con un bajo nivel cultural y bastante corta de mente, aunque hay excepciones. No parecen homosexuales, y es más frecuente la presencia de mujeres. Son también crueles, pero no tanto como los de habla castellana»

Por todo lo expuesto, se puede ver la tenacidad, sangre fría y falta de escrúpulos del Opus Dei para conseguir sus fines. Si el lector hace un esfuerzo y se imagina que se debe de sentir teniendo a la peor clase de gente imaginable como acosadores en la cabeza, día a día, durante décadas, es posible que le dé un dolor de cabeza. Pero incluso el infierno es algo a lo que cualquiera puede llegar a acostumbrarse, y lo que me ha dado fuerzas para seguir aguantando e incluso trabajar, ha sido la esperanza de que algún día todo esto se hiciese público y se hiciese justicia. Pienso que mis esfuerzos han merecido la pena, porque de lo contrario todo hubiese quedado en la oscuridad con la consiguiente impunidad de los autores de estos viles crímenes de lesa humanidad.

Deben de haber sido muchas las víctimas que han sido diagnosticadas de enfermedades mentales sin haber tenido la menor posibilidad de defensa, porque hace tan solo unos años, muy pocos hubiesen estado dispuestos a creer que las neurociencias estaban tan avanzadas, o que una prelatura personal del Papa pudiese estar mezclada en un asunto tan sucio. Ahora tras años de esfuerzos todo se está empezando a hacer público.

Tipificación de delitos

Breve informe jurídico sobre el tema de la instalación de dispositivos en el cerebro. Este informe tiene un mero valor hipotético, pues para hablar de caso práctico, es preciso que conste mediante una prueba fehaciente la existencia de una tal práctica.

Este informe va referido al Código Penal español:

El mero hecho de manipular el cerebro con la instalación de alguna clase de aparato sería un delito de lesiones. Este delito se encuentra tipificado en los arts. 147 y siguientes del CP. Estos artículos protegen no solo la salud física sino también la salud mental, siendo esta última la afectada con dicha práctica. Como quiera que el hecho en sí está en condiciones de producir una grave enfermedad somática o psíquica, habría que aplicar un tipo agravado dentro de las lesiones como es el recogido en el art. 149 CP. Este artículo prevé una pena de seis a doce años para el que por cualquier medio o procedimiento causare, entre otros posibles resultados, una grave enfermedad somática o "psíquica".

Otro aspecto a calificar es lo que sucede tras la instalación del artilugio. Aquí hay un complejo de conductas que se pueden traducir en delitos contra la integridad moral, contra la libertad de obrar o contra el honor. Además, dada su continuidad en el tiempo, habría que apreciarlos como concursos de delitos. Tantos delitos como acciones sean susceptibles de individualizarse.

Desde el punto de vista asociativo, si es que estos hechos se realizasen bajo la pantalla de una organización, habría que estar al artículo 515, n° 3 CP, el cual califica como asociaciones ilícitas a las que, aun teniendo por objeto un fin lícito, empleen medios de alteración o control de la personalidad. Las penas para los asociados varían según sean estos directores o meros miembros activos de la organización. Oscilan entre 4 años y un año de prisión, más una multa.

1) Moncada, Alberto. (2005) "Suicidios en el Opus Dei" opuslibros.org

2) Fisac, Miguel. (2008) "Carta de Miguel Fisac a un miembro de la Obra" opuslibros.org

3) Sánchez, Cristina. (2014) "La cuarta planta de la Clínica Universitaria del Opus en Navarra bajo sospecha". elespiadigital.com

4) Ver capítulo XII: Extraña experiencia.

5) Miranda, Virginia. (2010) "El 'halcón' oculto de Rajoy". Revista El siglo de Europa. Número 874

6) Martínez, Ramón. (2015) "El Opus Dei y el PP". elespiadigital.com

7) Martínez, Ramón. (2015) "El Opus Dei como lobby internacional" elespiadigital.com

8) Calais, Irene. (2013) "Federico Trillo, la historia de una gran mentira (5): El conspirador" elespiadigital.com

9) Martínez, Ramón. (2015) "Opus Dei y golpes de Estado" elespiadigital.com

10) Errejón, Íñigo. (2015) "Donde nos quieren" elespiadigital.com

11) http://neurogadget.com/category/bci

12) D.F. / N.M.S. (2012) "Rajoy sigue sin aplicar recortes, como había prometido, en sus altos cargos y asesores" 20minutos.es

13) EUROPA PRESS. (2015) "El PP tilda de "antidemocrático" al PSOE y le acusa de llamar a incumplir la Ley de Seguridad Ciudadana" eldiario.es

14) Espía en el Congreso. (2013) "Aznar eligió a Rajoy sabiendo su íntimo secreto que ahora desvela un libro: lo han "sacado del armario" cinco veces" elespiadigital.com

15) Espía en el Congreso. (2014) "Rajoy permite que el juez Dívar siga en el armario, pero mete dentro 15 escoltas con dinero público" espiaenelcongreso.com

16) Agencias. (2014) "Los indultados este año por Semana Santa: un banquero, traficantes de droga." huffingtonpost.es

17) Ver cap. VIII: Opus Dei y Poder Judicial

18) Ver cap. XIV: Religión como pretexto para la delincuencia

19) Garea, Fernando. (2015) "La oposición recurre la 'ley mordaza' al vulnerar 12 puntos de la Constitución" elpais.com

XV- *SUICIDIOS Y HOMICIDIOS*

No debe de ser fácil ser policía en una sociedad donde presuntas organizaciones criminales como el Opus Dei controlan los poderes del Estado. Parece ser que no es muy conocido el hecho de que cada 15 días se suicide un policía nacional en España, y la razón de este silencio es que el Gobierno se esmera con ímpetu en ocultar esta situación de extremada gravedad según denuncia Alfredo Perdiguero, director general del SIPE [9], en el diario La Gaceta [1].

La cuestión de los suicidios en el seno del Opus Dei ya dio lugar a una investigación del sociólogo Alberto Moncada en el año 2005 [2], y en su estudio se aprecia un denominador común con los numerosos casos de supuestos suicidios dentro del Cuerpo Nacional de Policía, y es el oscurantismo que rodea los "suicidios" debido a la dificultad de investigar las circunstancias en las que ocurrieron las muertes gracias a los impedimentos de los dirigentes del Opus Dei. No olvidar que el actual ministro del Interior, Fernández Díaz, es un conocido miembro del Opus Dei, y al igual que Federico Trillo, ambos coinciden en que la transparencia de sus actuaciones en relación a las muertes de funcionarios en sus respectivos ministerios brilla por su ausencia.

Son muchos los que opinan, entre los que yo mismo me incluyo, que las muertes ocasionadas por la opaca gestión del opusino Trillo en su ministerio fueron en realidad homicidios [3]. En mi opinión, cabe la sospecha de que muchos de los supuestos "suicidios" de policías puedan ser también casos de homicidio si es que se impide, como parece ser que está ocurriendo, una investigación transparente de cada uno de los gravísimos sucesos. Esta sospecha está además fundada por las declaraciones de José María Benito [4], portavoz de UFP [10], quien afirma que en los últimos meses se están dando casos de "suicidios" de policías que no tenían ningún problema laboral, que no estaban siendo acosados y de los que no se conocía ningún motivo para que se quitasen la vida. También es sospechoso que estos "suicidios" estén ocurriendo en comisarías de policía.

No es muy tranquilizador saber que el fiscal jefe de Lugo, Juan José Beguéque, que llevaba los casos Campeón y Pokémon [5] fuese hallado muerto en su domicilio y se explicase su muerte con la hipótesis de un "suicidio". Pero esto puede ser tan solo la punta de un iceberg, porque según se queja el Sindicato Independiente de la Policía Española (SIPE) un representante dice literalmente[1]: "es una lacra tremenda porque, aunque no tenemos datos oficiales, cada 15 días se escucha que se ha suicidado un compañero".

Lo que está claro es que la población no está suficientemente informada y que con presuntos criminales controlando el Gobierno puede ser una peligrosa combinación ser policía y honesto. Pero esto no es nuevo en España, ya lo decía Quevedo en el siglo XVII: "Donde hay poca justicia es un peligro tener razón." De esta forma se podría explicar la alarmante cifra de muertes en una profesión que ya de por sí lleva innato el peligro. El hecho de que haya miembros de una secta como el Opus Dei no solo en los cargos directivos de la policía, sino que también entre los funcionarios normales del cuerpo, da lugar a sospechas escalofriantes y que, de cualquier forma, en mi opinión, el último lugar donde la opacidad debiera existir en el Estado sería en el cuerpo Nacional de Policía, junto con otras fuerzas responsables de la seguridad del Estado.

No puedo evitarlo, no me puedo creer que tantos policías se suiciden, y conociendo la sordidez, maldad y sangre fría que caracteriza los presuntos crímenes del Opus Dei, buena parte de los cuales describo con detalle en el presente libro, no puedo evitar la sospecha de que se trate de homicidios encubiertos. Los móviles de los supuestos homicidios estarían claros ya que es la policía quien, a causa de su trabajo, puede mediante investigaciones llegar a conocer información comprometedora para criminales que se encuentren en el poder. En tal caso, se explicaría el oscurantismo que rodea tantas muertes, en un contexto donde los que tienen el poder del Estado saquean sin pudor los bienes públicos [6] ocultando sus cuentas en paraísos fiscales [7].

Según el estudio de Alberto Moncada sobre suicidios en el Opus Dei [2], son numerosos los casos de víctimas que mueren en circunstancias extrañas, como el caso descrito sobre una chica que tras intensos acosos se tiró por una ventana. Aunque se acepta la versión del suicidio, en mi opinión, tanto si fue la chica la que se arrojó, como si fueron otros quienes la arrojaron, se trata de un homicidio, porque en ambos casos se fuerza a la víctima a perder la vida y no me parece relevante quien sea el autor material del crimen (la chica arrojándose o un desconocido asesino que la arroja) sino el autor real que determinó la muerte de esta persona. El mismo razonamiento se puede aplicar a los numerosos casos de muertes en circunstancias extrañas en el seno del Opus Dei.

A continuación, añado algunos ejemplos extraídos del estudio de Alberto Moncada [2]:

- "Una madre de familia numerosa, muy ligada a la organización, se tiró por la ventana de la consulta del ginecólogo. Sólo los más allegados sabrán lo que pasó."

- "N. G. directivo del Opus en Córdoba, gran deportista, profesor de Física en un Instituto que se tiró por una ventana de su casa una noche"

- "Un supernumerario médico, de casi ochenta años, A.A., amigo de mi padre, se tiró por el balcón de su casa en Zaragoza."

- "Una numeraria en Andalucía, JJ.R.R. profesor de Filosofía, que se pegó un tiro en Pamplona."

- "Las informaciones sobre casos de suicidios de miembros del Opus Dei en España crecen a medida que se pregunta a antiguos socios" etc.

Si analizamos las tragedias del YAK-42 y del Metro de Valencia, podemos comprobar que en los dos casos las tragedias son causadas por malversaciones de un dinero público que debiera de haberse invertido en los controles de seguridad, que están precisamente para salvar vidas ante la certeza de que estos accidentes pueden ocurrir de no hacerse. Por esta razón, me pregunto si alguien duda a estas alturas de que estafar dinero a costa de arriesgar vidas humanas a sangre fría, y con consciencia de las consecuencias mortales que tarde o temprano va a provocar la estafa, se pueda considerar homicidio o no. Otro denominador común de estas tragedias, es que los responsables políticos son del PP, el brazo político del Opus [16] con la consecuente lentitud y obstrucción en las investigaciones caracterizadas por la desaparición de pruebas: la caja negra del YAK-42 estaba estropeada y en Valencia *"se borraron los datos de la caja negra del convoy"* siendo muy sospechoso que el opusino Juan Cotino ofreciese [17] *"prebendas y empleo a familiares de las víctimas si no recurrían a la vía judicial"*.

Según testimonios publicados en el artículo [18] sobre la cuarta planta de la Clínica Universitaria de Navarra del Opus Dei, *"El trabajador rebelde se vuelve sumiso y dócil con un cáncer de colon. El ateo anti misas reza como un descosido después de un diagnóstico adecuado"*. Estas afirmaciones sugieren el uso ilegal de la medicina causando graves enfermedades que en ocasiones pueden ser mortales. En este sentido, no sería el Opus el único en practicar tan horribles crímenes porque estas acusaciones estarían en concordancia con la sospecha de que Hugo Chávez fue envenenado según denuncia Evo Morales [19] y RT informa [20] sobre "técnicas de 'asesinato discreto'".

Sobre lo referido en el artículo de la cuarta planta de la Clínica Universitaria del Opus, podría añadir una anécdota que me sucedió después del internamiento ilegal que he documentado [21]. Un médico me recetó Leponex, un fármaco muy fuerte que cuando fui a pedirlo a la farmacia, a pesar de que llevaba receta médica, produjo en el personal reticencias lo cual me dio una idea de la peligrosidad del fármaco. Gracias a que leí el prospecto me libré de un posible cáncer de sangre, porque el prospecto advertía que había que hacer controles continuos y medir el nivel de leucocitos por el alto riesgo que suponía someterse a esa medicación. Pero el médico que me recetó ese "veneno", no se preocupó lo más mínimo de que se hiciesen esos análisis de sangre. Fue una suerte que yo discretamente me decidiese por no tomar ese medicamento. Probablemente si se hubiese tratado de otra víctima un cáncer habría acabado con su vida. El hecho de que ese médico, con plena consciencia del peligro mortal que suponía una medicación con ese fármaco sin controlar el nivel de leucocitos, me hubiese recetado ese medicamento sin recabar controles, da una muestra del desprecio que ese "médico" tenía por la vida de sus pacientes, o quizá por la vida de los que no son de los "suyos".

Si pensamos en las muertes causadas por la opusina Ana Mato al negar medicación a los enfermos de hepatitis C [22] y en general otras muchas muertes que se podrían haber evitado si en lugar de regalar el dinero a los bancos (de los suyos) no hubiesen recortado en sanidad, podemos confirmar el evidente desprecio por la vida ajena que ha demostrado tener la gente del Opus Dei.

Para terminar, voy a referir un suceso del que tuve conocimiento hace años por medio de testimonios de exmiembros del Opus Dei en un foro llamado "Vuela Libre" vuelalibre.org que desgraciadamente ha desaparecido [15]. Este foro de Internet fue creado por una comunidad de gente que estuvo en el Opus, los cuales normalmente tenían necesidad de mucha ayuda y apoyo moral a causa del gran daño psicológico sufrido durante los años que pertenecieron a la secta. Yo solicité participar en el grupo porque, aunque yo nunca fui del Opus, deseaba conocer mejor la organización que tanto daño me estaba haciendo. Muchos de los miembros contaban sus experiencias y, gracias a esto, me pude enterar de que, en un campamento de verano, de los que suele organizar esta secta, un niño apareció ahogado en circunstancias extrañas, y más le extrañaba aún a quien narraba el suceso, la rapidez con la que se tapó el asunto con un discreto funeral sin la preceptiva autopsia. Esta forma de operar del Opus tiene similitud con las actuaciones del opusino Trillo en la tragedia del YAK-42, que se caracterizó por eludir la autopsia e identificación de los cadáveres en un proceso llevado a cabo con una celeridad anómala.

Por la forma de tapar los "suicidios" en la policía cabe la sospecha de que también se hayan omitido las autopsias que podrían arrojar luz sobre tantas muertes. En el caso de que las autopsias fuesen realizadas por miembros del Opus, en mi opinión, es como si no se hubiesen realizado, porque como se vio en el caso del YAK-42, los médicos militares que fueron condenados por falsear la identidad de los fallecidos en la tragedia demostraron, que ni habían realizado las preceptivas autopsias, ni se habían preocupado de identificar los cadáveres. Todos los militares condenados en este sórdido asunto, fueron indultados [13] tan pronto como el PP llegó al Gobierno por medio de unas elecciones caracterizadas por mentiras y falsas promesas [14]. Es de suponer que, siendo habitual en el Opus Dei ocultar e impedir investigaciones cuando hay muertes por medio, debe de haber algo lo suficientemente sucio para que prefieran el escándalo de la opacidad a las consecuencias de que la verdad salga a la luz. Probablemente de forma parecida a su descarada actitud impidiendo la investigación de paraísos fiscales por medio de su partido el PP [7] y las escandalosas amnistías fiscales del opusino Montoro [11].

Puede ser que mis sospechas sean consideradas como "teorías [12] de la conspiración" pero a estas alturas es del dominio público que el Estado pueda estar controlado por una organización criminal [8].

1) Toro, Sandra. (2015) "Cada 15 días se suicida un Policía Nacional" gaceta.es

2) Moncada, Alberto. (2005) "Suicidios en el Opus Dei" opuslibros.org

3) EFE. (2008) "Las familias de las víctimas del Yak piden al juez la imputación de Trillo por homicidio" publico.es

4) Palomares, Cristina. (2016) "Información clasificada: no se habla de suicidios en la policía" irispress.es

5) EP. (2014) "Hallan muerto al fiscal jefe de Lugo, que llevaba los casos Campeón y Pokémon" elconfidencial.com

6) Ver cap. VI Opus Dei y saqueo de los bienes públicos

7) EFE. (2012) "El PP impidió la creación de una subcomisión sobre paraísos fiscales". Publico.es

8) Diario la información (martes, 19/04/2016) "la cúpula financiera del pp, juzgada como organización criminal y el partido, obligado a depositar una fianza de 1,2 millones".

9) SIPE: Sindicato Independiente de la Policía Española

10) UFP: Unión Federal de Policía

11) Escolar, Ignacio. (2015) "Cinco datos sobre la amnistía fiscal de Montoro que te van a cabrear". eldiario.es

12) Barret, Kevin. (2015) "Teoría de conspiración: una búsqueda de la verdad" elespiadigital.com

13) González, Miguel. (2012) "El Gobierno indulta a los dos últimos condenados por el caso 'Yak-42'" elpais.com

14) Público. (2012) "Las mentiras del PP en vídeo" publico.es

15) Andresxavier. (2007) "Desde el foro Vuela Libre". opuslibros.org

16) Ver cap. III El Opus Dei y el PP.

17) Llopis, Enric. (2014) Accidente del metro de Valencia: ocho años sin responsables diagonalperiodico.net

18) Sánchez, Cristina. (2014) "La cuarta planta de la Clínica Universitaria del Opus en Navarra bajo sospecha". elespiadigital.com

19) El Comercio (2013) "Hugo Chávez fue envenenado", aseguró Evo Morales. elcomercio.pe

20) RT (2013) "EE.UU. estudió técnicas de 'asesinato discreto' de líderes mundiales"

21) sectaopusdei.com/querella-contra-magistrados-del-tribunal-supremo

22) Martín, Daniel. (2014) "La Plataforma de Afectados por la hepatitis C presentará una querella contra Mato y Rajoy" publico.es

J.R Martínez

XVI- *RELIGIÓN COMO PRETEXTO PARA LA DELINCUENCIA*

El fundador del Opus Dei escribió "Camino", un libro que al parecer sirve de guía espiritual a los miembros de la secta, y que en su punto 387 consta [1]:

387. El plano de santidad que nos pide el Señor, está determinado por estos tres puntos: La santa intransigencia, la santa coacción y la santa desvergüenza.

Aunque la intransigencia y desvergüenza no son estrictamente un delito, o al menos no están tipificadas estas conductas como delitos en el Código Penal (CP) está claro que son conductas antisociales y que encajan más bien dentro de lo que podrían llamarse conductas sectarias, especialmente cuando pretenden la "santidad" como razón de ser. Pero la coacción sí es una conducta tipificada en el Código Penal como delito, y si se trata de "santa coacción" está agravada por el hecho de usar la religión como pretexto.

Se define como coacción toda violencia física, psíquica o moral para obligar a una persona a decir o hacer algo contra su voluntad (en la fase de la ejecución de la voluntad). Este delito está tipificado en el artículo 172.1 del Código Penal:

"El que, sin estar legítimamente autorizado, impidiere a otro con violencia hacer lo que la ley no prohíbe, o le compeliere a efectuar lo que no quiere, sea justo o injusto, será castigado con la pena de prisión de seis meses a tres años o con multa de 12 a 24 meses, según la gravedad de la coacción o de los medios empleados".

Es evidente que muchos delincuentes han encontrado en este "Camino" un buen pretexto para delinquir a sus anchas. Poniendo a "Dios" como argumento pueden hacer lo que quieran y desde luego, la secta Opus ha demostrado que pretende conseguir sociedades como tras el golpe de Honduras [2] donde "Dios" está por encima de las leyes y toda autoridad. Es curioso que no sea posible distinguir entre la "voluntad de Dios" y esos delincuentes, entre otras cosas, porque da la casualidad que ellos se empeñan en decir lo que "Dios" quiere o no quiere. No es casualidad que "Dios" quiere siempre lo que a ellos les interesa.

Además de las coacciones, otro delito muy común practicado por esta secta es el referente a delitos de fraude y estafa tipificados en el Código Penal en el artículo 248 y siguientes:

"Cometen estafa los que, con ánimo de lucro, utilizaren engaño bastante para producir error en otro, induciéndolo a realizar un acto de disposición en perjuicio propio o ajeno".

Este tipo de delitos los comete el Opus al exigir a sus víctimas, tras haberles lavado el cerebro, la entrega absoluta de sus sueldos, bienes y herencias si las tuviesen. Además, no cubren los gastos de cotización a la seguridad social de las víctimas, quedando estas en una vergonzosa indigencia si es que consiguiesen salir de la secta. Las víctimas no tienen posibilidad de defensa legal porque el Opus Dei controla el Tribunal Supremo, como ya se ha documentado en el capítulo VIII sobre el Opus Dei y el Poder Judicial con el caso de una mujer estafada durante 18 años [3].

El PP, que es el brazo político del Opus Dei, se ha destacado por conseguir el Gobierno mediante una descomunal estafa donde prometiendo lo que los ciudadanos querían oír, sus políticos hicieron justo lo contrario nada más llegar al poder [4].

Pero el Opus Dei, además de una organización criminal, es una prelatura personal del Papa. La escandalosa cantidad de bienes públicos que se ha apropiado la Iglesia desde que el Gobierno de Aznar, quien fue aupado a la presidencia por la curia del Opus Dei [5], en 1998 reformó la Ley Hipotecaria, es una muestra de cómo la Iglesia expolia con "apariencia" legal, enormes fortunas del legado público sin que se cuestione ante los tribunales el acto de traición al país que supone el contenido de la reforma de dicha ley. Solo en Navarra, donde el Opus Dei tiene su feudo por excelencia, la Iglesia lleva más de 1000 inmatriculaciones [6] desde 1998. No olvidar que la Iglesia Católica no obedece a los intereses de España sino a los intereses del Vaticano, un Estado que además de ser una potencia extranjera, ha tenido bastantes problemas con la justicia italiana por delitos monetarios y de blanqueo de dinero [7].

Es bochornosa la conducta de la jerarquía vaticana que, muy lejos de devolver esas inmensas fortunas que no le pertenecen, parece incluso satisfecha por la gestión realizada en España por el Opus Dei en su favor, hasta el punto de darle a esta secta la máxima confianza [8] en la lucha contra su "corrupción".

En el programa de TV [9] "Que Dios te lo pague" se muestra hasta qué punto abusa la Iglesia en su expolio de los bienes públicos en España y concretamente en Navarra, donde, como ya se ha dicho, el Opus tiene su feudo por excelencia.

Es de dominio público que el Vaticano posee enormes riquezas [10], y esto hace sospechar sobre quién puede realmente estar interesado en controlar esta ciudad-estado. Teniendo en cuenta los escándalos financieros del Vaticano, no es forzado pensar que haya delincuentes que ambicionen sus enormes fortunas, y el privilegio que supone controlar un Estado donde pueden blanquear dinero sin que estén sujetos a control. Si alguien tuviese un interés puramente religioso, estaría condenado a muerte al ser un obstáculo para los intereses de ciertos ambiciosos, como ocurrió con Juan Pablo I, según describe la obra de David Yallop [11] "En nombre de Dios".

Pero el conocido tópico literario de Cervantes "Con la Iglesia hemos topado" tan repetido en boca de tantos y tantas, muestra, no solo el poder e impunidad en nuestro país de esta institución plagada de escándalos, y que además está bajo las órdenes directas de una potencia extranjera, sino que también muestra una mentalidad que mantiene una situación de privilegio y desigualdad ante la ley que permite sus abusos ante la impotencia de la sociedad.

Por todas estas razones y por muchas más, se debería de exigir el inmediato cese de privilegios que está gozando la Iglesia, y el procesamiento de esta institución por cada uno de sus abusos que han sido cometidos con los agravantes de dolo y superioridad de medios, ante una sociedad humillada durante más de 30 años por una dictadura que impuso la Iglesia Católica como religión oficial del Estado.

Las religiones debieran ser un ejemplo de honestidad y moral en consecuencia con sus doctrinas que en general, en su base, no suelen alentar a conductas reprobables. Pero en el caso concreto de la Iglesia Católica, esta ejemplaridad de conducta no va a ser posible mientras las jerarquías eclesiásticas y, en concreto en España, el Poder Judicial, esté controlado por delincuentes que usan la religión como pretexto para la delincuencia.

1)   Escrivá de Balaguer, José María. (2001) El camino. Madrid: Rialp

2)   Cano, Arturo. (2009) "Opus Dei, determinante en el golpe: ministro asesor de Zelaya" La Jornada

3)   Público. (2011) "El Supremo apoya que el Opus Dei no alimente a una mujer que se dio de baja" publico.es

4)   Martínez, Ramón. (2015) "Opus Dei y medios de comunicación" elespiadigital.com

5)   Sánchez Soler, Mariano. (2002) Las sotanas del PP. Madrid: Temas De Hoy

6)   Plataforma-ekimena. (2009) "La plataforma en Defensa del Patrimonio presentó ayer su libro "Escándalo monumental", que compendia las 1.086 "apropiaciones" de la Iglesia" plataforma-ekimena.org

7)   Noticia Cristiana. (2013) "Vaticano ocupa el octavo lugar en lavado de dinero a nivel mundial" noticiacristiana.com

8)   Perfil. (2013) "Para atacar la corrupción, Francisco se apoya en el Opus Dei y en Harvard" perfil.com

9)   ¡Que Dios te lo pague! (2012) Programa de la Sexta "Salvados" de Jordi Evole.

10)   Marcano, Rubén. (2013) "Los tesoros del Vaticano, para quedarse perplejos" aporrea.org

11)   Yallop, David. (2008) En Nombre De Dios. Barcelona: Planeta.

XVII- *LA RAZÓN INDOLENTE*

En un Estado de Derecho todos los ciudadanos están sometidos a las leyes, y aunque muchos parecen desconocer este hecho, también los jueces, independientemente de su rango en el Poder Judicial, están sujetos a las normas jurídicas.

Algo que llama la atención, si se observan las publicaciones sobre el órgano de gobierno del Poder Judicial y sobre el Tribunal Constitucional, es la falta de denuncias contra los miembros de estas instituciones, a pesar de ser evidente que su pasividad e incluso complicidad con las numerosas ilegalidades del Gobierno, especialmente con el Gobierno del PP, están causando un daño demoledor al país. No estoy en situación de afirmar que no existen tales denuncias, porque mi propia experiencia me demostró que la querella criminal que interpuse contra los Magistrados del Tribunal Supremo [1] que en su día prevaricaron en la causa especial de antejuicio 1800/90, no se publicó en ningún periódico a pesar de mis insistencias documentadas con pruebas [2], durante más de una década. Los delitos de prevaricación que se demuestran en la querella, son de una evidencia que ya quisieran haber tenido entre sus argumentos los magistrados del Tribunal Supremo cuando procesaron y condenaron al juez Baltasar Garzón.

Un estudio estadístico sobre las causas penales contra jueces [3] demuestra que en realidad existen muchas causas contra jueces corruptos, pero el número de condenas es demasiado bajo. El hecho de que entre esos pocos jueces condenados se encuentren jueces como Garzón o Elpidio, y en estos casos sí que se ha dado mucha publicidad en los me-dios de comunicación, viene a confirmar mi sospecha de hasta qué punto está manipulada la prensa que no da publicidad a esas otras muchas denuncias contra jueces corruptos, aunque existan pruebas, como ha ocurrido en mi caso. La mentalidad de que no existe delito mientras no haya condena, anula completamente la Ley vigente sustituyéndola por los criterios de jueces que, en el caso de los jueces del Opus Dei, imponen los intereses de su secta mediante prevaricación [4].

Pero hoy en día las cosas van cambiando. Se empiezan a hacer públicos los casos de corrupción cada vez con más frecuencia, e incluso se hacen públicas algunas denuncias de colectivos de ciudadanos que se unen con el objetivo común de hacer cumplir la Ley, cuando los que tienen la responsabilidad de hacerla cumplir no hacen nada e incluso, como se ha llegado a publicar, intentan obstruir el curso de la justicia [5].

Un denominador común en los colectivos que han tomado parte activa contra casos de corrupción, es que no se han denunciado las conductas delictivas de jueces caracterizadas por dilaciones y sobreseimientos injustificados, como fue el caso del juez Grande-Malarska quién llegó a ser obligado en dos ocasiones por la sala de lo penal de la Audiencia Nacional a reabrir el caso del YAK-42 [6] sin ser procesado por dilaciones indebidas, y además fue recompensado por el PP designándolo a dedo como vocal del Consejo General del Poder Judicial. Si realmente ha habido denuncias, no parece que se hayan hecho públicas, no al menos como las denuncias contra Garzón o Elpidio.

La pregunta es por qué la sociedad española es tan indolente con las conductas de jueces y fiscales que a todas luces cometen delitos de prevaricación y que tanto daño y dolor causan a tantos ciudadanos. Visto de forma global se podría decir que sus conductas dañan a la sociedad en general al permitir que el patrimonio público pase a manos privadas, ya sea malvendiéndolo o incluso regalándolo como ha sido el caso de las inmensas fortunas de dinero público regaladas a la banca privada, que sin lugar a dudas se trata de una malversación de caudales públicos [7], como también las inmatriculaciones de la Iglesia Católica [8], etc.

Una posible respuesta a esta conducta permisiva hacia las ilegalidades del Poder Judicial y el Ministerio Fiscal podría ser la ignorancia de las leyes. Pero esta respuesta no es válida cuando tantos ciudadanos españoles han estudiado Derecho y deberían de saber que la Constitución Española (CE) es el vértice del ordenamiento jurídico español, y que cualquier ley que esté en conflicto con los valores superiores de la CE (la libertad, la justicia, la igualdad y el pluralismo político) es por ley automáticamente derogada. Por esta razón tiendo a pensar que lo que realmente sucede en España, es que existe una "razón indolente" generalizada hacia el Poder Judicial que proviene probablemente de una época en la que el poder no tenía legitimidad, salvo la legitimidad que pueda dar el poder de las armas, y los ciudadanos no se sentían con derecho a nada, sino que, más bien, se sentían agradecidos porque les diesen ciertos márgenes de libertad. La Iglesia Católica ha sido siempre una buena aliada de esos poderes ilegítimos y por esta razón, siempre ha gozado de privilegios allí donde el poder se ha establecido por la fuerza en contra de los intereses del pueblo.

Basta recordar las dictaduras militares de Hispano-américa, que han tenido como denominador común favorecer los intereses de multinacionales que explotan los recursos de estos países con unas condiciones humillantes para los países anfitriones, condiciones que contrastan con el discurso de esos dictadores que tanto hablan de patria, y siempre con la bendición de la bien recompensada Iglesia [11], que es incluso denunciada por ayudar en la persecución de disidentes como se denuncia en la obra de Horacio Verbitsky El silencio [12] por poner tan solo un ejemplo. En mi opinión, la actual situación en España es muy similar a la de esas dictaduras militares, pero la diferencia es que hasta el momento se ha hecho creer a la sociedad que hay una democracia. Muchos describen la situación de España como de "país bananero" haciendo alusión a esos países con dictaduras explotados por multinacionales.

Si los españoles desean realmente una democracia, va siendo hora de que se tomen en serio la Ley. Las leyes vigentes pueden tener sus defectos, especialmente los Decretos-leyes que ha podido imponer el PP durante su actual mandato, pero todavía es posible interponer una querella criminal contra cualquier magistrado, aunque sea del Tribunal Supremo (TS). Si todos los ciudadanos hiciesen lo que yo hice en su momento, e interpusieran una querella criminal contra cada uno de los magistrados del TS que actúen en contra de Derecho, y en mi opinión ya existen suficientes evidencias de su complicidad con el expolio que está sufriendo España al no procesar a los políticos responsables, y además se hiciesen públicas las querellas como yo las publico en este libro, pienso que la consciencia social y la situación sería muy distinta en España.

Es necesario acabar con esa "razón indolente" hacia el Poder Judicial [9] y Ministerio Fiscal que está dando lugar a la impunidad de tantos jueces y fiscales del Opus Dei [10] que, con sus acciones u omisiones, a su vez están manteniendo la impunidad de los responsables de la desolación de España.

1) sectaopusdei.com/querella-contra-magistrados-del-tribunal-supremo
2) sectaopusdei.com/documentacion-de-pruebas
3) contracorrupcion.org/informe-estadistico
4) Público. (2011) "El Supremo apoya que el Opus Dei no alimente a una mujer que se dio de baja" publico.es
5) Gil Pecharromán / Javier Romera. (2013) "Gallardón defiende al fiscal que obstruye la investigación de Blesa" eleconomista.es
6) RTVE. (2009) "Los despropósitos del Yak-42" rtve.es
7) Anguita, Julio. (2014) "El rescate a la banca privada es una malversación de caudales públicos" eleconomista.es
8) Plataforma-ekimena. (2009) "La plataforma en Defensa del Patrimonio presentó ayer su libro "Escándalo monumental", que compendia las 1.086 "apropiaciones" de la Iglesia" plataforma-ekimena.org
9) Martínez, Ramón. (2015) "Opus Dei y Poder Judicial". elespiadigital.com
10) Martínez, Ramón. (2015) "Opus Dei y Ministerio Fiscal" elespiadigital.com
11) Ver capítulos I y X. La Iglesia Católica es una organización fuertemente jerarquizada cuya cabeza visible es el Papa. Sería una falacia identificar movimientos como la teología de la liberación con la Iglesia oficial del Vaticano que se sabe colaboró con dictaduras en Hispanoamérica para perseguir sacerdotes "disidentes". Por ejemplo, según Horacio Verbitsky, director del diario argentino Página 12, Bergoglio colaboró en la detención de los jesuitas Francisco Jalics y Orlando Yorio. La hermana de Yorio señaló que Bergoglio mantuvo el doble juego: "Preocuparse por el destino de los dos jesuitas y por detrás hacer todas las maniobras necesarias para que los secuestraran".
12) Verbitsky, Horacio. (2005) El silencio. Buenos Aires: Editorial Sudamericana

XVIII- *ALGUNAS HISTORIAS SOBRE EL OPUS DEI*

En este último capítulo recojo algunas anécdotas o historias que guardan relación con el Opus Dei y que, en mi opinión, pueden ayudar al lector a formarse una idea más completa sobre la sordidez y peligrosidad social de esta secta. Algunas de estas anécdotas son mi testimonio sobre mis propias experiencias con gente del Opus Dei, otras son chistes que escuché hace mucho tiempo o que he recogido por diversos medios.

Primera historia:

Esta anécdota es un hecho que viví en mi casa:

Recuerdo que el padre de quien entonces era la novia de mi hermano, un supernumerario del Opus Dei, en una de sus visitas a mi casa nos contó un chiste que me parece interesante exponerlo aquí por la mentalidad que refleja por parte de quien lo cuenta y difunde. El chiste decía más o menos así:

"Unos "señores" fueron a África para hacer un safari. Después de todo un día de caza, se reunieron y comenzaron a contar lo que

habían cazado.

- ¿Antonio, que has cazado?

-He cazado un león, dos antílopes y una jirafa.

- ¿Y tú Luis, que has cazado?

-Yo he cazado un leopardo, tres elefantes y un rinoceronte.

- ¿Y tú Pepe, que has cazado?

-Yo no he tenido suerte, solo he cazado algunos buanaminos.

- ¿Buanaminos? ¿Qué animales son esos? Yo no conozco ningún animal que se llame así.

-Si hombre, hay muchos. Son esos animales pequeños, de color negro, que cuando les apuntas con la escopeta empiezan a gritar: ¡Buana... Buana…. a mí no! ¡a mí no!"

Y este supernumerario del Opus, mientras decía estas palabras de Buana a mí no, reía con sorna repitiéndolas una y otra vez.

Más tarde, comprendí que este chiste llevaba un mensaje que reflejaba la mentalidad del Opus. Pude ver cómo la gente del ámbito del Opus llamaba buanaminos a la mayoría de los ciudadanos y por supuesto también a mí. De esta forma parece ser que consideran a la mayoría de los ciudadanos como algo insignificante a quienes pueden destrozar con total impunidad. Y realmente esta prepotencia la han demostrado, no solo conmigo (ver cap. XII Extraña experiencia) sino que también con las familias de las víctimas del Yak-42, según he podido comprobar al leer sus testimonios de los cuales adjunto algunos:

"Querían enterrarlos como a perros"

"Carlos Ripollés, hermano de uno de los militares fallecidos en el accidente del Yak-42 ocurrido el 26 de mayo de 2003 en Trebisonda (Turquía), aseguró ayer que "se dieron órdenes para enterrarlos de noche como si fueran perros o terroristas". Este testigo se quejó también de que cuando les entregaron los restos de sus familiares no les dieron ningún tipo de documentación, ni de certificado de defunción, "solo una caja con una chapa y nada más". Ripollés recordó que tras la celebración del funeral de estado en la base aérea de Torrejón de Ardoz (Madrid) condujeron los féretros a un tanatorio de la capital, pese a que las familias habían solicitado que los fallecidos pasaran su última noche en un recinto militar".

"Lo rogué, lo supliqué a coroneles, a generales, incluso llamé a (Alberto Ruiz) Gallardón. No me hicieron ni puñetero caso ninguno", aseveró el testigo, que añadió: "Fue una vergüenza absoluta y un desprecio para ellos y para las familias". Las familias de las víctimas denunciaron el "machaque psicológico" y las "amenazas" que tuvieron que sufrir por parte de los responsables del Ministerio de Defensa cuando dudaron de que los cuerpos que les habían entregado fueran los de sus allegados. Entre lágrimas, Amparo Gil, madre del sargento Francisco Cardona, aseguró que el coronel de la base de Torrejón de Ardoz (Madrid) les advirtió no dijeran "nada de lo que se pudieran arrepentir algún día".

Segunda historia:

Otra anécdota interesante es un texto extraído de Ex-Opus (Yvan de ExOpus: El Avaro Y El Pobre En El Opus

Dei) sobre el tema de cómo vivir como ricos llamándose pobres:

"Ahora una anécdota. El hermano de un buen amigo mío está muy relacionado y ocupa un puesto importante, tanto es así que estando en Roma fue invitado a comer a la Casa Generalizia del Opus Dei. Naturalmente le enseñaron las principales dependencias, mostrándole en especial las "reliquias" del Fundador. La comida fue exquisita, magníficamente servida por eficientes criadas uniformadas, candelabros y cubertería de plata, vajilla Rosenthal, cristalería de Bohemia, etc.; todo lo necesario para tratar de epatar al invitado. Al despedirse, Álvaro del Portillo le preguntó qué le había parecido lo que había visto; el hermano de mi amigo le contestó: "Si esto es el voto de pobreza, como debe de ser el de castidad!" ¡Se non è vero, è ben trovato! El caso es nunca más le han dirigido la palabra".

Tercera historia:

Una descripción de gente del Opus Dei contado por Alberto Moncada en el programa de RTVE "La clave" dirigido por Luis Balbín.

" Si eres listo y del Opus Dei, no eres buena persona. Si eres buena persona y eres del Opus Dei, no eres listo. Si eres listo y buena persona, no eres del Opus Dei".

Cuarta historia:

Este chiste es antiguo y trata sobre el Opus, lo escuché en los años 70. La moraleja que yo deduzco de esta historia es: "Los muy pájaros se hacen los locos" El chiste dice más o menos así:

"Estaba San Pedro guardando la puerta del Reino de los Cielos.

Pero le surgieron asuntos apremiantes y tuvo la necesidad de dejar la puerta, así que llamó a un angelito y le dijo:

-Tengo que dejar la puerta un momento, así que quédate tú en mi lugar. Lo que tienes que hacer es muy fácil. Aquí tienes una Biblia y un tomo de billetes de dinero. Los que vengan aquí y deseen entrar, les preguntas que es lo que desearían llevarse consigo para entrar en este reino, la Biblia o el dinero. Si eligen la Biblia los dejas pasar, si eligen el dinero no los dejes pasar.

El angelito no tuvo problemas al principio, porque todos elegían la biblia o el dinero. El problema vino cuando llegó uno que dijo:

- ¿Yo? ¡Está claro que elijo la Biblia! ¡Porque este capítulo de San Mateo no tiene desperdicio!

Y cogiendo un billete lo metió en la Biblia para marcarlo. Y continuó:
- ¡Y este de San Juan es maravilloso!

Y cogiendo otro billete lo marcó. Y así siguió marcando capítulos hasta que metió todos los billetes en la Biblia.

Aunque el angelito se quedó dudando, como claramente había escogido la Biblia, lo dejó pasar. Cuando llegó San Pedro le preguntó al angelito:

- ¿Qué, ¿cómo ha ido todo?

Y el angelito respondió:

-Bien, es solo que uno se dedicó a marcar capítulos de la Biblia con los billetes y al final metió todo el dinero en la Biblia. Como tú me dijiste que dejara pasar a los que eligiesen la Biblia, lo dejé pasar.

Y San Pedro exclama:

-¡YA SE NOS HA COLADO OTRO DEL OPUS!"

Quinta historia:

Este chiste deja en evidencia las argucias del Opus y también es antiguo:

"A un obispo del Opus le regalan un coche deportivo, y va a probarlo por la carretera, mientras un helicóptero de tráfico lo sigue haciendo fotos.

Minutos más tarde para en un control de tráfico, y un policía le dice:

- Padre, le tengo que poner una multa porque ha circulado por la izquierda, adelantado en rasante, se ha saltado un stop y cuatro semáforos.

- ¿Y cómo sabe eso?

- Me lo ha dicho el de arriba.

- ¡Venga ya! Pero si eso es un viejo cuento de mi negocio."

Sexta historia:

La siguiente anécdota fue un suceso del que me llegué a enterar por medio de mis primos:

Cuando se casó mi hermano, yo no fui a la boda. Entre otras razones, porque tan solo hacía unos días que me habían sacado de un centro psiquiátrico donde me internaron de una forma completamente ilegal, como se demuestra con la documentación aportada en el capítulo V sobre herencias. Y desde luego, como podrá comprender el lector, no me apetecía lo más mínimo ir a un sitio donde sabía que me iba a encontrar a numerosos miembros del Opus, de los cuales, yo consideraba que buena parte de ellos probablemente eran responsables de los acosos que estaba sufriendo y del internamiento ilegal.

Mis primos hermanos me comentaron que todos vieron a la hermana de la mujer de mi hermano (numeraria que pitó [1] siendo menor de edad) llorar desconsoladamente después de la boda. Esto me extrañó porque yo vi el video de la boda y ella parecía normal. Pero me explicaron que ella empezó a llorar ya fuera de la iglesia, y la razón era que los del Opus no la dejaban ir a comer con su familia en el habitual banquete que se da después de las bodas. Cuando esto sucedió ella ya era una mujer mayor de edad. Y yo me pregunto, que clase de gente puede permitir que una mujer mayor de edad tenga que llorar porque se le niega algo tan legítimo como asistir al banquete de bodas de su hermana. Sus llantos no sirvieron para nada, no la dejaron ir de todas formas, a pesar de la lamentable escena que causaron ante mi familia y demás invitados.

Los llantos de esta mujer demostraron que se le estaba obligando en contra de su voluntad. Esto es solo un ejemplo más que demuestra que el Opus es una secta que no respeta los más elementales derechos de sus víctimas, para no hablar del respeto que tienen hacia la voluntad de las personas.

Séptima historia:

Por último, una anécdota ya referida en el capítulo V sobre las herencias.

"Recuerdo que una vez, cuando aún eran novios y yo me relacionaba con ellos, mi hermano me invitó a ir al cine junto con su novia. La película que vimos se llamaba "La costa de los mosquitos".

Un idealista americano "Harrison Ford", decide huir de tanta corrupción y se lleva a toda su familia a empezar una nueva vida en la selva amazónica. Mediante trabajo y tecnología construyen un paraíso en medio de la selva. Pero la felicidad acabó cuando unos bandidos armados llegan al paraíso y deciden quedarse sometiendo a la familia por la fuerza de las armas.

La reacción de Harrison Ford fue de empezar a destruir lo que había creado con tanta ilusión y trabajo. Pero la mujer de mi hermano llegó a levantarse muy enfadada y quería irse del cine después de oír una afirmación de Harrison Ford en una escena donde intenta explicar a su hijo por qué actuaba así. La frase decía más o menos así: "no hay nadie con dos dedos de frente que tolere un segundo de opresión".

Mi hermano intentaba riendo (al parecer le parecía ridícula la reacción de su novia) convencerla de que se sentase y continuase hasta el final. Pero a mí me pareció extremadamente extraña esta reacción que en mi opinión era completamente desmesurada, y que con el tiempo me ha hecho pensar en las causas.

Hoy en día comprendo cuales podían ser las causas de aquella reacción, porque yo mismo estoy siendo objeto de coacciones similares a las descritas en la película por parte de la secta Opus. Pero el hecho de que la novia de mi hermano se enfadase al escuchar la afirmación sobre inteligencia y opresión, en mi opinión, implica que ella o bien se sentía ofendida (lo que supone que se sentía imbécil por aceptar la opresión) o bien intentase convencer a mi hermano de que aceptar la opresión es la postura más inteligente."

1)   Pitar en el argot del Opus Dei significa ingresar en el Opus Dei firmando un contrato.

BIBLIOGRAFÍA

Colectivo Ruedo Ibérico. (1972) Horizonte Español, tomo III. París: Editions Ruedo ibérico

Colin A. Ross (2006) The CIA Doctors: Human Rights Violations By American Psychiatrists. Richardson, TX: Manitou Communications

De la Cierva, Ricardo. (1993) Los años mentidos. Madrid: Fenix

Delgado, José M. (1983) Control físico de la mente: hacia una sociedad psicocivilizada. Madrid: Espasa-Calpe.

Escrivá de Balaguer, José María. (2001) El camino. Madrid: Rialp

Espadas Burgos, Manuel. (1988) Franquismo y política exterior. Madrid: Rialp

Frattini, Eric. (2006) La Santa Alianza, cinco siglos de espionaje vaticano. Barcelona: S.L.U. ESPASA

George Andrews (2001). MKULTRA : The CIA's Top Secret Program in Human Experimentation and Behavior Modification. Winston-Salem, NC: Healthnet Press

González Purroy, Miguel. (2001) Diario de un esquizofrénico. Bilbao: DESCLEE DE BROUWER

Harold R, Kerbo. (2003) Estratificación social y desigualdad. Madrid: MCGRAW-HILL

Ladurie, Emmanuel. (1978) Le Territoire de l'historien. Paris: Gallimard

Lernoux, Penny. (1980) Cry of the People: United States Involvement in the Rise of Fascism, Torture, and Murder and the Persecution of the Catholic Church in Latin America. New York: Doubleday

Meiers, Michael. (1988) Was Jonestown a CIA Medical Experiment? a Review of the Evidence. United States: Em Texts

Moncada, Alberto. (1992) Historia oral del Opus Dei. Barcelona: Plaza & Janés

Moncada, Alberto. (1974) Opus Dei: una interpretación. Madrid: Índice

Monzón, José Miguel. (2013) No estamos locos. Barcelona: Planeta

Moreno, María Angustias. (1978) La otra cara del Opus Dei. Barcelona: Planeta.

Orwell, George. (1949) Nineteen Eighty-Four. London: Harvill Secker

Sánchez Soler, Mariano. (2002) Las sotanas del PP. Madrid: Temas De Hoy

Ynfante, Jesús. (1970) Génesis y desarrollo de la santa mafia. París: Editions Ruedo ibérico

Ynfante, Jesús. (1996) Opus Dei, Así en la tierra como en el cielo. Barcelona: Grijalbo

Ynfante, Jesús. (1996) El Santo Fundador del Opus Dei. Barcelona: Crítica

Ynfante, Jesús. (2004) La cara oculta del Vaticano. Madrid: Foca

Yallop, David. (2008) En Nombre De Dios. Barcelona: Planeta.

Varios. (1992) Escrivá de Balaguer - ¿Mito o Santo? Madrid: Libertarias/Prodhufi

VV.AA. (1995) Código Penal. Madrid: Tecnos

Verbitsky, Horacio. (2005) El silencio. Buenos Aires: Editorial Sudamericana

Vizcaíno Casas, Fernando. (1978) De camisa vieja a chaqueta nueva. Barcelona: Planeta

Walsh, Michael. (1990) El mundo secreto del opus dei. Barcelona: Plaza & Janés

Artículos en publicaciones de prensa:

Cacho, Jesús. (1986) "El Estado abonó 1.588 millones al Opus Dei después de la expropiación de Rumasa". El País 29/06/1986.

Casas, José. (2002) "Las redes del Opus". Revista AUSBANC. Sept. 2002.

En Portada. (2002) "El verdadero poder del Opus" Revista Tiempo de hoy. 1029, 1:14-19

Gutiérrez, Bernardo. (2010) "Así hereda el Opus Dei". Revista Interviú. 1795, 1: 6-10.

Horgan, John. (2005) "The forgotten era of Brain". Revista Scientific American. 293, 1: 66-73

Huasi, Julio. (1966) "Entre el Pentágono y el Opus Dei". *Revista Punto final*. 15, 1: 10-11.

Miranda, Virginia. (2010) "El 'halcón' oculto de Rajoy". Revista El siglo de Europa. Número 874

Noticias (2015) "España expoliada: El Estado da por perdidos 40.000 millones de euros del rescate de las cajas de ahorro" elespiadigital.com 17/04/2015

Noticias (2014) "La cena de 1966 donde se fraguó el actual sistema bipartidista" elespiadigital.com 30/11/2014

Yván de ExOpus (2009) "Mentiras Y Falsas Justificaciones En El Opus Dei" exopus.wordpress.com 09/01/2009

Publicaciones digitales:

20minutos. (2008) "El Tribunal Supremo archiva la causa contra Federico Trillo por el Yak-42". 20minutos.es [En línea]. Disponible en http://www.20minutos.es/noticia/382418/6/trillo/accidente/yak42 [Fecha de consulta: 27 de diciembre de 2015].

A.V. (2012) "España tiene el doble de políticos que Francia o Alemania, según asesores de Moncloa" vozpopuli.com [En línea]. Disponible http://vozpopuli.com/actualidad/2499-espana-tiene-el-doble-de-politicos-que-francia-o-alemania-segun-asesores-de-moncloa [Fecha de consulta: 1 de enero de 2016].

A.V. (2014) "Pilar Urbano: "El Rey nos salvó in extremis de un golpe que había puesto en marcha a modo de solución"" vozpopuli.com [En línea]. Disponible http://vozpopuli.com/actualidad/41112-pilar-urbano-el-rey-nos-salvo-in-extremis-de-un-golpe-que-habia-puesto-en-marcha-a-modo-de-solucion [Fecha de consulta: 1 de enero de 2016].

Agencias. (2012) "El ministro Wert apoya a los centros sexistas del Opus Dei" aquiconfidencial.es [En línea]. Disponible en http://www.aquiconfidencial.es/es/notices/2012/08/el_ministro_wert_apoya_a_los_centros_sexistas_del_opus_dei_26211.php [Fecha de consulta: 28 de diciembre de 2015].

Agencias. (2012) "El Opus Dei se lleva el dinero para la ayuda a la compra de libros de texto". aquiconfidencial.es [En línea]. Disponible en http://www.aquiconfidencial.es/es/notices/2012/08/el_opus_dei_se_lleva_el_dinero_para_la_ayuda_a_la_compra_de_libros_de_texto_25857.php [Fecha de consulta: 27 de diciembre de 2015].

Agencias. (2013) "El Gobierno reconoce que para ser asesor del presidente no hace falta ninguna titulación" huffingtonpost.es [En línea]. Disponible http://www.huffingtonpost.es/2013/01/27/el-gobierno-confirma-que-_n_2560789.html [Fecha de consulta: 1 de enero de 2016].

Agencias. (2014) "Los indultados este año por Semana Santa: un banquero, traficantes de droga." huffingtonpost.es [En línea]. Disponible http://www.huffingtonpost.es/2014/04/12/indultados-semana-santa-_n_5137626.html [Fecha de consulta: 1 de enero de 2016].

Águeda, Pedro. (2013) "Falciani cifra en 200.000 millones el dinero que se evade en impuestos". eldiario.es [En línea]. Disponible en http://www.eldiario.es/economia/Falciani-millones-espanol-oculto-

HSBC_0_200529991.html [Fecha de consulta: 26 de diciembre de 2015].

Águeda, Pedro. (2015) "El Tribunal Supremo confirma la expulsión de Elpidio Silva de la carrera judicial". eldiario.es [En línea]. Disponible en http://www.eldiario.es/politica/Tribunal-Supremo-expulsion-Elpidio-Silva_0_380412422.html [Fecha de consulta: 26 de diciembre de 2015].

Águeda, Pedro. (2014) "Fernández Díaz elige el Valle de los Caídos para "meditar"". eldiario.es [En línea]. Disponible en http://www.eldiario.es/politica/Fernandez-Diaz-Valle-Caidos-meditar_0_263174624.html [Fecha de consulta: 8 de mayo de 2016].

Andresxavier. (2007) "Desde el foro Vuela Libre". opuslibros.org [En línea]. Disponible en http://www.opuslibros.org/nuevaweb/modules.php?name=News&file=article&sid=9850 [Fecha de consulta: 24 de abril de 2016].

Anguita, Julio. (2014) "El rescate a la banca privada es una malversación de caudales públicos" eleconomista.es [En línea]. Disponible http://www.eleconomista.es/firmas/noticias/5659815/03/14/La-malversacion.html [Fecha de consulta: 2 de enero de 2016].

Armunia Berges, Cristina. (2015) "La opacidad de las agendas públicas impide controlar la actividad de los cargos" eldiario.es [En línea]. Disponible en http://www.eldiario.es/politica/Publicar-politicos-siguiente-transparencia-Espana_0_419958555.html [Fecha de consulta: 28 de diciembre de 2015].

Arrabalí Campos, David. (2011) "El nuevo gobierno español al servicio de banqueros, empresarios y políticos corruptos" rebelion.org [En línea]. Disponible en http://www.rebelion.org/noticia.php?id=141772 [Fecha de consulta: 28 de diciembre de 2015].

Azanza, Ana. (2008) "Las financias ocultas del Opus Dei". opuslibros.org [En línea]. Disponible en http://www.opuslibros.org/nuevaweb/modules.php?name=News&file=article&sid=12125 [Fecha de consulta: 26 de diciembre de 2015].

Baiges, Siscu. (2014). Villarejo: "Los fiscales generales del Estado **que** nombró el PSOE me prohibieron investigar a Pujol" El Diario [En línea]. Disponible en http://www.eldiario.es/catalunya/Despues-Banca-Catalana-Jordi-Pujol_0_288021499.html [Fecha de consulta: 9 de abril de 2016]

Barret, Kevin. (2015) "Teoría de conspiración: una búsqueda de la verdad" elespiadigital.com [En línea]. Disponible http://elespiadigital.com/index.php/tribuna-libre/8721-teoria-de-conspiracion-una-busqueda-de-la-verdad [Fecha de consulta: 1 de enero de 2016].

Basante, Jesús. (2015) "El Opus Dei es una prisión". El Diario [En línea]. Disponible en http://www.eldiario.es/sociedad/Antonio-Esquivias-Opus-Dei-prision_0_405259637.html [Fecha de consulta: 26 de diciembre de 2015].

Blasco De Avellaneda, J. (2015) "La Policía retiene a un miembro del PP en Melilla tras ser sorprendido entregando votos en Correos" lasprovincias.es [En línea]. Disponible http://www.lasprovincias.es/politica/201505/20/policia-retiene-miembro-melilla-20150520191244-rc.html [Fecha de consulta: 1 de enero de 2016].

Bolter. (2014) "Proselitismo: buscando a Nemo" opuslibros.org [En línea]. Disponible en http://www.opuslibros.org/nuevaweb/modules.php?name=News&file=article&sid=22266 [Fecha de consulta: 30 de diciembre de 2015].

Calais, Irene. (2013) "Federico Trillo, la historia de una gran mentira (5): El conspirador" elespiadigital.com [En línea]. Disponible en http://www.elespiadigital.com/index.php/tribuna-libre/2500-federico-trillo-la-historia-de-una-gran-mentira-5-el-conspirador [Fecha de consulta: 28 de diciembre de 2015].

Calleja, Tono. (2015) "El juez Ruz da por acreditada la financiación ilegal del PP y el pago de sobresueldos" infolibre.es [En línea]. Disponible http://www.infolibre.es/noticias/politica/2015/03/23/auto_ruz_audiencia_nacional_30272_1012.html [Fecha de consulta: 11 de mayo de 2016].

Campos, M. Ángel. (2015) "El juez José de la Mata sienta en el banquillo al PP por su caja B" cadenaser.com [En línea]. Disponible en http://cadenaser.com/ser/2015/05/28/tribunales/1432816003_103831.html [Fecha de consulta: 28 de diciembre de 2015].

Cano, Arturo. (2009) "Opus Dei, determinante en el golpe: ministro asesor de Zelaya" La Jornada [En línea]. Disponible http://www.jornada.unam.mx/2009/12/04/index.php?section=mundo&article=020n1mun [Fecha de consulta: 1 de enero de 2016].

Caño, Xavier. (2015) "Otro tratado en secreto pero más peligroso que el TTIP". attacmallorca.es [En línea]. Disponible en http://www.attacmallorca.es/2015/06/20/otro-tratado-en-secreto-pero-mas-peligroso-que-el-ttip [Fecha de consulta: 26 de diciembre de 2015].

Castaño, Federico. (2015) "La unidad de blanqueo pone la lupa sobre funcionarios, jueces y embajadores acogidos a la amnistía" vozpopuli.com [En línea]. Disponible en http://vozpopuli.com/economia-y-finanzas/60718-la-unidad-de-blanqueo-pone-la-lupa-sobre-funcionarios-jueces-y-embajadores-acogidos-a-la-amnistia [Fecha de consulta: 29 de diciembre de 2015].

Castellanos, Gema. (2002) "Las garras de la Secta". opuslibros.org [En línea]. Disponible en http://www.opuslibros.org/nuevaweb/modules.php?name=News&file=article&sid=100 [Fecha de consulta: 26 de diciembre de 2015].

Cortizo, Gonzalo. (2015) "El PP se mantiene como primera opción electoral con tres puntos de ventaja sobre el PSOE" eldiario.es [En línea]. Disponible http://www.eldiario.es/politica/PP-mantiene-primera-electoral-PSOE_0_408409282.html [Fecha de consulta: 1 de enero de 2016].

Cuba Información. (2010) "Sociólogo Juan Carlos Monedero advierte sobre estrategia de calumnias contra Venezuela" cubainformacion.tv [En línea]. Disponible en http://www.cubainformacion.tv/index.php/america-latina/14317-sociologo-juan-carlos-monedero-advierte-sobre-estrategia-de-calumnias-contra-venezuela [Fecha de consulta: 29 de diciembre de 2015].

D´atri, Andrea. (2005) "El final de un cruzado anticomunista y conservador". Rebelión [En línea]. Disponible en http://www.rebelion.org/noticia.php?id=13584 [Fecha de consulta: 26 de diciembre de 2015].

D.F. / N.M.S. (2012) "Rajoy sigue sin aplicar recortes, como había prometido, en sus altos cargos y asesores" 20minutos.es [En línea]. Disponible http://www.20minutos.es/noticia/1635381/0/rajoy/recortes/altos-cargos [Fecha de consulta: 1 de enero de 2016].

De Diego, Sara. (2015) "Montoro no habla de la situación fiscal de Rato pero sí de Monedero y los actores" elconfidencial.com [En línea]. Disponible en http://www.elconfidencial.com/espana/2015-04-16/cristobal-montoro-no-habla-de-la-situacion-fiscal-de-rato-pero-si-demonedero-y-actores-espanoles_760998 [Fecha de consulta: 29 de diciembre de 2015].

De Silva, Fernando. (2014) "Urge restituir en sus puestos a los jueces Baltasar Garzón y Elpidio Silva" elplural.com [En línea]. Disponible http://www.elplural.com/opinion/urge-restituir-en-sus-puestos-a-los-jueces-baltasar-garzon-y-elpidio-silva [Fecha de consulta: 31 de diciembre de 2015].

Delgado, Juan T. (2003) "La disputada herencia del pastor Calvo" El Mundo [En línea]. Disponible en http://www.opus-info.org/index.php?title=La_disputada_herencia_del_pastor_Calvo [Fecha de consulta: 30 de diciembre de 2015].

Díaz, Roberto. (2013) "La prensa internacional, sorprendida por la negativa de Rajoy a dimitir" infolibre.es [En línea]. Disponible en http://www.infolibre.es/noticias/politica/2013/07/15/la_prensa_internacional_sorprendida_por_negativa_rajoy_dimitir_5917_1012.html?utm_source=twitter.com&utm_medium=smmshare&utm_campaign=noticias [Fecha de consulta: 28 de diciembre de 2015].

Eco Republicano. (2014) "La campaña de la casta contra Iñigo Errejón ha fracasado" ecorepublicano.es [En línea]. Disponible en http://www.ecorepublicano.es/2014/11/la-campana-de-la-casta-contra-inigo.html [Fecha de consulta: 29 de diciembre de 2015].

EFE. (2007) "Grande-Marlaska da carpetazo al 'caso Yak-42'" cadenaser.com [En línea]. Disponible http://cadenaser.com/ser/2007/11/22/espana/1195692615_850215.html [Fecha de consulta: 31 de diciembre de 2015].

EFE. (2008) "Las familias de las víctimas del Yak piden al juez la imputación de Trillo por homicidio" publico.es [En línea]. Disponible en http://www.publico.es/actualidad/familias-victimas-del-yak-piden-1.html [Fecha de consulta: 28 de diciembre de 2015].

EFE. (2012) "El Congreso rechaza investigar la crisis bancaria" lne.es [En línea]. Disponible en http://www.lne.es/espana/2012/06/12/congreso-rechaza-investigar-crisis-bancaria/1255744.html [Fecha de consulta: 28 de diciembre de 2015].

EFE. (2012) "El Gobierno nombra a Trillo embajador de España en el Reino Unido" diarioinformacion.com [En línea]. Disponible en http://www.diarioinformacion.com/alicante/2012/03/31/gobierno-nombra-trillo-embajador-espana-reino-unido/1239158.html [Fecha de consulta: 28 de diciembre de 2015].

EFE. (2012) "El PP impidió la creación de una subcomisión sobre paraísos fiscales". Publico.es [En línea]. Disponible en http://www.publico.es/espana/pp-impidio-creacion-subcomision-paraisos.html [Fecha de consulta: 26 de diciembre de 2015].

EFE. (2013) "El fiscal defiende los derechos de Blesa frente a la "intromisión" del juez" publico.es [En línea]. Disponible en http://www.publico.es/actualidad/fiscal-defiende-derechos-blesa-frente.html [Fecha de consulta: 31 de diciembre de 2015].

EFE. (2014) "El Consejo Fiscal defiende al fiscal Horrach frente al juez del 'caso Nóos', José Castro" 20minutos.es [En línea]. Disponible en http://www.20minutos.es/noticia/2183100/0/consejo-fiscal/defiende-horrach/juez-caso-noos [Fecha de consulta: 31 de diciembre de 2015].

EFE. (2015) "Feijóo dice que el PP luchará contra el que "venga a la política a servirse y no a servir"" eldiario.es [En línea]. Disponible en http://www.eldiario.es/politica/Feijoo-PP-luchara-politica-servirse_0_379012437.html [Fecha de consulta: 30 de diciembre de 2015].

El Captor. (2015) "Siete desmentidos en torno a las "magnánimas virtudes" del rescate a la banca en España" elcaptor.com [En línea]. Disponible http://www.elcaptor.com/2015/07/siete-desmentidos-rescate-banca-espana.html [Fecha de consulta: 1 de enero de 2016].

Elorduy, Pablo. (2008) "Alberto Mocada: Todo el dinero del Opus Dei es dinero negro" opuslibros.org [En línea]. Disponible en http://opuslibros.org/nuevaweb/modules.php?name=News&file=article&sid=13660 [Fecha de consulta: 30 de diciembre de 2015].

El País. (2012) "Montoro asciende en Antifraude a Pilar Valiente, dimitida por Gescartera" elpais.com [En línea]. Disponible en http://politica.elpais.com/politica/2012/03/01/actualidad/1330587131_595086.html [Fecha de consulta: 30 de diciembre de 2015].

El Plural. (2011) "El historiador de la biografía de Franco: "Yo siento un profundo desprecio hacia la democracia"" elplural.com [En línea]. Disponible http://www.elplural.com/2011/06/05/el-historiador-de-la-biografia-de-franco-yo-siento-un-profundo-desprecio-hacia-la-democracia

[Fecha de consulta: 1 de enero de 2016].

El Plural. (2011) "El Gobierno valenciano adjudicó 116.540 euros a la fundación investigada por golpismo en Bolivia" elplural.com [En línea]. Disponible http://www.elplural.com/2011/06/22/el-gobierno-valenciano-adjudico-este-ano-116-540-euros-a-la-fundacion-investigada-por-golpismo-en-bolivia [Fecha de consulta: 1 de enero de 2016].

El Plural. (2015) ""Pillado" un alcalde del PP de Almería con numerosos votos en Correos y con más en la sede del partido y casa de un candidato" elplural.com [En línea]. Disponible http://www.elplural.com/2015/05/21/pillado-un-alcalde-del-pp-de-almeria-entregando-80-votos-en-correos-y-con-muchos-otros-en-la-sede-del-partido [Fecha de consulta: 1 de enero de 2016].

El Plural. (2015) "Récord pésimo de Rajoy: su Gobierno aumentó la deuda pública en más de 300.000 millones" elplural.com [En línea]. Disponible en http://www.elplural.com/2015/06/12/record-pesimo-de-rajoy-su-gobierno-aumento-la-deuda-publica-en-mas-de-300-000-millones [Fecha de consulta: 30 de diciembre de 2015].

EP. (2014) "Hallan muerto al fiscal jefe de Lugo, que llevaba los casos Campeón y Pokémon" elconfidencial.com [En línea]. Disponible en http://www.elconfidencial.com/espana/2014-11-25/hallan-muerto-en-su-casa-al-fiscal-jefe-de-lugo-que-llevaba-los-casos-campeon-y-pokemon_505446 [Fecha de consulta: 19 de abril de 2016].

Errejón, Íñigo. (2015) "Donde nos quieren" elespiadigital.com [En línea]. Disponible http://www.elespiadigital.com/index.php/tribuna-libre/10500-donde-nos-quieren [Fecha de consulta: 2 de enero de 2016].

Escolar, Ignacio. (2015) "Cinco datos sobre la amnistía fiscal de Montoro que te van a cabrear". eldiario.es [En línea]. Disponible en http://www.eldiario.es/escolar/datos-amnistia-fiscal-Montoro-cabrear_6_377672269.html [Fecha de consulta: 27 de diciembre de 2015].

Espía en el Congreso. (2013) "Aznar eligió a Rajoy sabiendo su íntimo secreto que ahora desvela un libro: lo han "sacado del armario" cinco veces" elespiadigital.com [En línea]. Disponible http://espiaenelcongreso.com/2013/05/23/aznar-eligio-a-rajoy-sabiendo-su-intimo-secreto-que-ahora-desvela-un-libro-lo-han-sacado-del-armario-cinco-veces [Fecha de consulta: 2 de enero de 2016].

Espía en el Congreso. (2014) "La manipulación de las encuestas: el 90% rechaza a Rajoy y Rubalcaba, 80% al régimen y 70% a PP y PSOE" espiaenelcongreso.com [En línea]. Disponible http://espiaenelcongreso.com/2014/05/08/la-manipulacion-de-las-encuestas-el-90-rechaza-rajoy-y-rubalcaba-el-80-al-regimen-y-el-70-pp-y-psoe [Fecha de consulta: 1 de enero de 2016].

Espía en el Congreso. (2014) "Rajoy permite que el juez Dívar siga en el armario, pero mete dentro 15 escoltas con dinero público" espiaenelcongreso.com [En línea]. Disponible http://espiaenelcongreso.com/2014/07/08/rajoy-permite-que-el-juez-divar-siga-en-el-armario-pero-mete-dentro-15-escoltas-con-dinero-publico [Fecha de consulta: 1 de enero de 2016].

Espía en el Congreso. (2015) "¿Comienza el saqueo?": los partidos "colocan" asesores" espiaenelcongreso.com [En línea]. Disponible http://espiaenelcongreso.com/2015/06/16/comienza-saqueo-los-partidos-colocan-asesores [Fecha de consulta: 1 de enero de 2016].

EUROPA PRESS. (2015) "El PP tilda de "antidemocrático" al PSOE y le acusa de llamar a incumplir la Ley de Seguridad Ciudadana" eldiario.es [En línea]. Disponible http://www.eldiario.es/politica/PP-PSOE-Ley-Seguridad-Ciudadana_0_405260298.html [Fecha de consulta: 2 de enero de 2016].

Ex numeraria francesa. (2001) "Yo formé parte del Opus Dei" opuslibros.org [En línea]. Disponible en http://www.opuslibros.org/prensa/yo_forme_parte.htm [Fecha de consulta: 30 de diciembre de 2015].

F. Fafatale. (2014) "El amigo americano busca gangas inmobiliarias" diagonalperiodico.net [En línea]. Disponible en www.diagonalperiodico.net/global/22133-amigo-americano-busca-gangas-inmobiliarias.html [Fecha de consulta: 30 de diciembre de 2015].

F. Fafatale. (2015) "La UE presiona para acelerar la privatización de Bankia" diagonalperiodico.net [En línea]. Disponible en www.diagonalperiodico.net/global/26708-la-ue-presiona-para-acelerar-la-privatizacion-bankia.html [Fecha de consulta: 30 de diciembre de 2015].

Fernández, Nacho. (2007) "Los "cazaherencias" del Opus Dei" periodistadigital.com [En línea]. Disponible en http://blogs.periodistadigital.com/religion.php/2007/01/29/loscazaherencias-del-opus-dei [Fecha de consulta: 30 de diciembre de 2015].

Fisac, Miguel. (2008) "Carta de Miguel Fisac a un miembro de la Obra" opuslibros.org [En línea]. Disponible en http://www.opuslibros.org/nuevaweb/modules.php?name=News&file=article&sid=13698 [Fecha de consulta: 29 de diciembre de 2015].

Flores, Ana. (2011) "Un 'ex Lehman' para sacar al país de la crisis". publico.es [En línea]. Disponible en http://www.publico.es/espana/ex-lehman-sacar-al-pais.html [Fecha de consulta: 27 de diciembre de 2015].

García-baquero. (2015) "La Fiscalía no ve indicios de delito en las inmatriculaciones del Obispado" abc.es [En línea]. Disponible en http://sevilla.abc.es/andalucia/cordoba/20150430/sevi-cordoba-inmatriculaciones-texto-201504291949.html [Fecha de consulta: 31 de diciembre de 2015].

Garea, Fernando. (2015) "La oposición recurre la 'ley mordaza' al vulnerar 12 puntos de la Constitución" elpais.com [En línea]. Disponible en http://politica.elpais.com/politica/2015/05/20/actualidad/1432114191_278013.html [Fecha de consulta: 4 de abril de 2016].

Gil, Andrés. (2015) "El acuerdo entre Grecia y la troika fue un chantaje, pero no teníamos alternativa". eldiario.es [En línea]. Disponible en http://www.eldiario.es/internacional/acuerdo-Grecia-troika-chantaje-alternativa_0_432207389.html [Fecha de consulta: 26 de diciembre de 2015].

Gil Pecharromán / Javier Romera. (2013) "Gallardón defiende al fiscal que obstruye la investigación de Blesa" eleconomista.es [En línea]. Disponible en http://www.eleconomista.es/espana/noticias/4890619/06/13/Gallardon-defiende-al-fiscal-que-obstruye-la-investigacion-de-Blesa.html#.Kku8fiEmCbT9eAb [Fecha de consulta: 31 de diciembre de 2015].

Gómez, Ana. (2015) "El Gran Hermano, tu nuevo 'follower'" huffingtonpost.es [En línea]. Disponible http://www.huffingtonpost.es/ana-gomez-pereznievas/el-gran-hermano-tu-nuevo-_b_6893728.html?utm_hp_ref=spain [Fecha de consulta: 1 de enero de 2016].

González, Miguel. (2012) "El Gobierno indulta a los dos últimos condenados por el caso 'Yak-42'" elpais.com [En línea]. Disponible http://politica.elpais.com/politica/2012/04/20/actualidad/1334946075_5 32458.html [Fecha de consulta: 24 de abril de 2016].

Gutiérrez-Álvarez, Pepe. (2015) "La calumnia es un método reaccionario por excelencia". kaosenlared.net [En línea]. Disponible en http://kaosenlared.net/la-calumnia-es-un-metodo-reaccionario-por-excelencia-2 [Fecha de consulta: 27 de diciembre de 2015].

Huertas, Ángeles. (2014) "Los otros políticos" eldiario.es [En línea]. Disponible http://www.eldiario.es/andalucia/enclave_rural/politicos_0_201580716.ht ml [Fecha de consulta: 1 de enero de 2016].

InfoLibre. (2015) "Desmienten las acusaciones de 'El País' sobre el currículo de Monedero" infolibre.es [En línea]. Disponible en http://www.infolibre.es/noticias/politica/2015/01/29/desmienten_las_ac usaciones_pais_quot_sobre_curriculum_monedero_27539_1012.html [Fecha de consulta: 29 de diciembre de 2015].

Ingeniería tributaria. (2015) "Fundaciones y otras entidades sin ánimo de lucro: fachada para el lavado de activos y evasión tributaria" tributar.com [En línea]. Disponible en http://www.tributar.com/fundaciones-y-otras-entidades-sin-animo-de-lucro-fachada-para-el-lavado-de-activos-y-evasion-tributaria [Fecha de consulta: 30 de diciembre de 2015].

Jiménez, Miguel. (2015) "La deuda pública ya sube en más de 300.000 millones en la etapa de Rajoy" elpais.com [En línea]. Disponible en http://economia.elpais.com/economia/2015/05/14/actualidad/14315897 61_932651.html [Fecha de consulta: 28 de diciembre de 2015].

Jiménez, Pedro. (2012) "El fiscal vapulea la instrucción del juez Varela". cadenaser.com [En línea]. Disponible en http://cadenaser.com/ser/2012/01/24/espana/1327366212_850215.html [Fecha de consulta: 27 de diciembre de 2015].

K. Bore, Bjørn. (2004) "Dinero, disciplinas y Papa". *Revista Dagbladet* [En línea]. Disponible en http://www.opuslibros.org/prensa/dinero_disciplinas_noruega.htm [Fecha de consulta: 26 de diciembre de 2015].

Kaos. (2015) "Bárcenas y Naseiro. Documentos y evidencias de una organización criminal" kaosenlared.net [En línea]. Disponible en http://kaosenlared.net/corruppcion-barcenas-y-naseiro-documentos-y-evidencias-de-una-organizacion-criminal [Fecha de consulta: 30 de diciembre de 2015].

Laborda, Juan. (2013) "La deuda impagable de España" vozpopuli.com [En línea]. Disponible http://vozpopuli.com/blogs/2904-juan-laborda-la-deuda-impagable-de-espana [Fecha de consulta: 1 de enero de 2016].

Lago, Manuel. (2014) "La deuda pública española es impagable". lavozdegalicia.es [En línea]. Disponible en http://www.lavozdegalicia.es/noticia/opinion/2014/11/28/deuda-publica-espanola-impagable/0003_201411G28P20995.htm [Fecha de consulta: 27 de diciembre de 2015].

Llopis, Enric. (2014) Accidente del metro de Valencia: ocho años sin responsables diagonalperiodico.net [En línea]. Disponible https://www.diagonalperiodico.net/global/23514-accidente-del-metro-valencia-ocho-anos-sin-responsables.html [Fecha de consulta: 28 de abril de 2016].

Lombao, David. (2015) La Guardia Civil investiga al PP por el presunto "acarreo" de votos entre ancianos "con demencia"" eldiario.es [En línea]. Disponible http://www.eldiario.es/galicia/Guardia-Civil-PP-acarreado-Lugo_0_389161920.html [Fecha de consulta: 1 de enero de 2016].

Luis Rendueles / Alberto Gayo. (2012) "Un Robin Hood contra los abusos en la luz" interviu.es [En línea]. Disponible en http://www.interviu.es/reportajes/articulos/un-robin-hood-contra-los-abusos-en-la-luz [Fecha de consulta: 30 de diciembre de 2015].

M., Víctor. (2008) "¿Calumnias dentro de la Iglesia?" opuslibros.org [En línea]. Disponible en http://www.opuslibros.org/nuevaweb/modules.php?name=News&file=article&sid=12504 [Fecha de consulta: 29 de diciembre de 2015].

Marcano, Rubén. (2013) "Los tesoros del Vaticano, para quedarse perplejos" aporrea.org [En línea]. Disponible http://www.aporrea.org/internacionales/a170883.html [Fecha de consulta: 2 de enero de 2016].

Marea Granate. (2014) "Censos que cierran sin previo aviso: el enésimo pucherazo electoral del voto exterior" eldiario.es [En línea]. Disponible http://www.eldiario.es/desde-todas-partes/Censos-enesimo-pucherazoelectoral-exterior_6_338126203.html [Fecha de consulta: 1 de enero de 2016].

Martín, Daniel. (2014) "La Plataforma de Afectados por la hepatitis C presentará una querella contra Mato y Rajoy" publico.es [En línea]. Disponible http://www.publico.es/actualidad/plataforma-afectados-hepatitis-c-presentara.html [Fecha de consulta: 28 de abril de 2016].

Martínez, Antonio. (2011) "Ha muerto José Manuel Rodríguez Delgado, el hombre que intentó el "control de la mente"" lainformacion.com [En línea]. Disponible http://noticias.lainformacion.com/ciencia-y-tecnologia/ciencias-general/ha-muerto-jose-manuel-rodriguez-delgado-el-hombre-que-intento-el-control-de-la-mente_4wAdLA18xaR1nb6b6254i7 [Fecha de consulta: 1 de enero de 2016].

Martínez, Ramón. (2015) "Bipartidismo y pucherazo". elespiadigital.com [En línea]. Disponible en http://www.elespiadigital.com/index.php/tribuna-libre/10186-bipartidismo-y-pucherazo [Fecha de consulta: 26 de diciembre de 2015].

Martínez, Ramón. (2015) "El Opus Dei como lobby internacional" elespiadigital.com [En línea]. Disponible en http://elespiadigital.com/index.php/tribuna-libre/10075-el-opus-dei-como-lobby-internacional [Fecha de consulta: 28 de diciembre de 2015].

Martínez, Ramón. (2015) "El Opus Dei y el PP". elespiadigital.com [En línea]. Disponible en http://www.elespiadigital.com/index.php/tribuna-libre/10464-el-opus-dei-y-el-pp [Fecha de consulta: 26 de diciembre de 2015].

Martínez, Ramón. (2015) "El Opus Dei y la mentira" elespiadigital.com [En línea]. Disponible en http://elespiadigital.com/index.php/tribuna-libre/9894-el-opus-dei-y-la-mentira- [Fecha de consulta: 28 de diciembre de 2015].

Martínez, Ramón. (2015) "La razón indolente" elespiadigital.com [En línea]. Disponible en http://www.elespiadigital.com/index.php/tribuna-libre/11317-la-razon-indolente- [Fecha de consulta: 2 de enero de 2016].

Martínez, Ramón. (2015) "La religión como pretexto para la delincuencia" elespiadigital.com [En línea]. Disponible en http://elespiadigital.com/index.php/tribuna-libre/9753-la-religion-como-pretexto-para-la-delincuencia [Fecha de consulta: 27 de diciembre de 2015].

Martínez, Ramón. (2015) "El Opus Dei y los acosos". elespiadigital.com [En línea]. Disponible en http://www.elespiadigital.com/index.php/tribuna-libre/10625-el-opus-dei-y-los-acosos [Fecha de consulta: 27 de diciembre de 2015].

Martínez, Ramón. (2015) "Los Pájaros Locos". elespiadigital.com [En línea]. Disponible en http://www.elespiadigital.com/index.php/tribuna-libre/11075-los-pajaros-locos [Fecha de consulta: 31 de diciembre de 2015].

Martínez, Ramón. (2015) "La religión como pretexto para la delincuencia". elespiadigital.com [En línea]. Disponible en http://elespiadigital.com/index.php/tribuna-libre/9753-la-religion-como-pretexto-para-la-delincuencia [Fecha de consulta: 31 de diciembre de 2015].

Martínez, Ramón. (2015) "Opus Dei y golpes de Estado" elespiadigital.com [En línea]. Disponible en http://www.elespiadigital.com/index.php/tribuna-libre/10314-opus-dei-y-golpes-de-estado [Fecha de consulta: 28 de diciembre de 2015].

Martínez, Ramón. (2015) "Opus Dei y medios de comunicación" elespiadigital.com [En línea]. Disponible en http://www.elespiadigital.com/index.php/tribuna-libre/9307-opus dei-y-medios-de-comunicacion   [Fecha de consulta: 28 de diciembre de 2015].

Martínez, Ramón. (2015) "Opus Dei y Ministerio Fiscal" elespiadigital.com [En línea]. Disponible en http://www.elespiadigital.com/index.php/tribuna-libre/10765-opus-dei-y-ministerio-fiscal [Fecha de consulta: 30 de diciembre de 2015].

Martínez, Ramón. (2015) "Opus Dei y Poder Judicial". elespiadigital.com [En línea]. Disponible en http://www.elespiadigital.com/index.php/tribuna-libre/9448-opus-dei-y-poder-judicial [Fecha de consulta: 27 de diciembre de 2015].

Martínez, Ramón. (2015) "Opus Dei y saqueo de bienes públicos". elespiadigital.com [En línea]. Disponible en http://elespiadigital.com/index.php/tribuna-libre/9638-opus-dei-y-saqueo-de-bienes-publicos [Fecha de consulta: 26 de diciembre de 2015].

Martínez, Ramón. (2016) "Telepatía artificial". elespiadigital.com [En línea]. Disponible en http://www.elespiadigital.com/index.php/noticias/seguridad/13919-telepatia-artificial[Fecha de consulta: 4 de agosto de 2016].

Martínez, Ramón. (2015) "Voces en la cabeza". elespiadigital.com [En línea]. Disponible en http://elespiadigital.com/index.php/tribuna-libre/9109-voces-en-la-cabeza [Fecha de consulta: 27 de diciembre de 2015].

Martínez, Montse. (2006) "El Supremo avala la separación de niños y niñas en colegios" elperiodicoextremadura.com [En línea]. Disponible http://www.elperiodicoextremadura.com/noticias/extremadura/supremo-avala-separacion-ninos-ninas-colegios_253878.html [Fecha de consulta: 31 de diciembre de 2015].

Matías López/Pérez Díaz. (2002) "El Opus sube definitivamente a los altares" elpais.com [En línea]. Disponible en http://elpais.com/diario/2002/10/06/domingo/1033876357_850215.html [Fecha de consulta: 29 de diciembre de 2015].

Medina, Javier. (2003) "Cadena contra el Opus Dei. Un grupo uruguayo alerta contra el oscuro grupo" periodicotribuna.com.ar [En línea]. Disponible en http://periodicotribuna.com.ar/328-cadena-contra-el-opus-dei.html [Fecha de consulta: 30 de diciembre de 2015].

Miranda, Virginia. (2010) El 'halcón' oculto de Rajoy" laicismo.org [En línea]. Disponible http://www.elsiglodeuropa.es/siglo/historico/2010/874/874portada.html [Fecha de consulta: 2 de enero de 2016].

Moncada, Alberto. (2005) "Suicidios en el Opus Dei" opuslibros.org [En línea]. Disponible en http://www.opuslibros.org/escritos/suicidios_Moncada.htm [Fecha de consulta: 30 de diciembre de 2015].

Muñiz, Andrés. (2013) "El PP premia con el CGPJ al juez recusado por la privatización sanitaria en Madrid" publico.es [En línea]. Disponible http://www.publico.es/politica/pp-premia-cgpj-al-juez.html [Fecha de consulta: 31 de diciembre de 2015].

N.M.S. (2013) "El número de millonarios en España crece en 47.000 personas durante el último año" 20minutos.es [En línea]. Disponible en http://www.20minutos.es/noticia/1942198/0/espana/aumentanumero/millonarios [Fecha de consulta: 28 de diciembre de 2015].

Noticia Cristiana. (2013) "Vaticano ocupa el octavo lugar en lavado de dinero a nivel mundial" noticiacristiana.com [En línea]. Disponible http://www.noticiacristiana.com/sociedad/moralidad/2013/08/vaticano-ocupa-el-octavo-lugar-en-lavado-de-dinero-a-nivel-mundial.html [Fecha de consulta: 2 de enero de 2016].

Nueva tribuna. (2012) "Monedero denuncia al ministro Montoro por un posible delito de revelación de secretos". nuevatribuna.es [En línea]. Disponible en http://www.nuevatribuna.es/articulo/espana/monedero-ensena-factura-pagada-banco-alba/20150220143110112728.html [Fecha de consulta: 27 de diciembre de 2015].

Ortiz de la Tierro, Zuriñe. (2015) "Los paraísos fiscales se llenan de dinero español" diariosur.es [En línea]. Disponible en http://www.diariosur.es/sociedad/201502/23/paraisos-fiscales-llenan-dinero-20150223115341.html [Fecha de consulta: 28 de diciembre de 2015].

Padrón, Silvia. (2014) "1.500 trabajadores de TVE acusan a la dirección de manipulación informativa". cuartopoder.es [En línea]. Disponible en http://www.cuartopoder.es/elremediodelosmedia/1-500-trabajadores-de-tve-acusan-la-direccion-de-manipulacion-informativa/5808 [Fecha de consulta: 27 de diciembre de 2015].

Palomares, Cristina. (2016) "Información clasificada: no se habla de suicidios en la policía" irispress.es [En línea]. Disponible en http://irispress.es/reportajes/2016/01/15/suicidios-policia-nacional-sindicatos [Fecha de consulta: 19 de abril de 2016].

Pardo de Vera, Ana. (2016) "El PP cambió los discos duros de sus ordenadores de Tesorería y quiso alterar sus números de serie" publico.es [En línea]. Disponible en http://www.publico.es/politica/pp-cambio-discos-duros-ordenadores.html [Fecha de consulta: 11 de mayo de 2016].

Penn, Lee. (2006) "The Response of the Opus Dei to the Priestly Sex Abuse Scandal" mgrfoundation.org [En línea]. Disponible en http://www.mgrfoundation.org/ODSexAbuseResponse.html [Fecha de consulta: 30 de diciembre de 2015].

Pérez, Raquel. (2015) "Los siete derechos fundamentales que limita la 'Ley Mordaza'" eldiario.es [En línea]. Disponible en http://www.eldiario.es/sociedad/Ley-Mordaza-vigor-manana_0_403859798.html [Fecha de consulta: 28 de diciembre de 2015].

Perfil. (2013) "Para atacar la corrupción, Francisco se apoya en el Opus Dei y en Harvard" perfil.com [En línea]. Disponible http://www.perfil.com/internacional/Para-atacar-la-corrupcion-Francisco-se-apoya-en-el-Opus-Dei-y-en-Harvard--20130629-0075.html [Fecha de consulta: 2 de enero de 2016].

Periodicoclm. (2015) "Cospedal creó cuando era presidenta unas 300 nuevas tasas e impuestos" periodicoclm.es [En línea]. Disponible en http://www.periodicoclm.es/articulo/economia/cospedal-creo-cuando-era-presidenta-300-nuevas-tasas-impuestos/20150913224745003040.html [Fecha de consulta: 31 de diciembre de 2015].

Piera, Antonio. (2012) "Julio Anguita: "El presidente del gobierno debería ser acusado de alta traición"" cronicapopular.es [En línea]. Disponible en http://www.cronicapopular.es/2012/07/julio-anguita-%E2%80%9Cel-presidente-del-gobierno-deberia-ser-acusado-de-alta-traicion%E2%80%9D [Fecha de consulta: 31 de diciembre de 2015].

Plataforma-ekimena. (2009) "La plataforma en Defensa del Patrimonio presentó ayer su libro "Escándalo monumental", que compendia las 1.086 "apropiaciones" de la Iglesia" plataforma-ekimena.org [En línea]. Disponible en http://plataforma-ekimena.org/?p=524 [Fecha de consulta: 31 de diciembre de 2015].

Provera, Emanuela. (2011) "El Opus Dei impone la censura". opuslibros.org [En línea]. Disponible en http://www.opuslibros.org/nuevaweb/modules.php?name=News&file=article&sid=18981 [Fecha de consulta: 27 de diciembre de 2015].

Público. (2011) "El Supremo apoya que el Opus Dei no alimente a una mujer que se dio de baja" publico.es [En línea]. Disponible en http://www.publico.es/espana/supremo-apoya-opus-dei-no.html [Fecha de consulta: 29 de diciembre de 2015].

Público. (2012) "Las mentiras del PP en vídeo" publico.es [En línea]. Disponible en http://www.publico.es/espana/mentiras-del-pp-video.html [Fecha de consulta: 29 de diciembre de 2015].

Público. (2011) "Orden, religión y lealtad total a Rajoy" publico.es [En línea]. Disponible en http://www.publico.es/espana/orden-religion-y-lealtad-total.html [Fecha de consulta: 28 de diciembre de 2015].

Público/Agencias. (2014) "El juez Andreu imputa a Rato y Blesa por las 'tarjetas b'" publico.es [En línea]. Disponible en http://www.publico.es/politica/juez-andreu-imputa-rato-y.html [Fecha de consulta: 29 de diciembre de 2015].

Público/EFE. (2012) "Rajoy y Cospedal se felicitan por un año record en recortes sociales". publico.es [En línea]. Disponible en http://www.publico.es/actualidad/rajoy-y-cospedal-felicitan-ano.html [Fecha de consulta: 27 de diciembre de 2015].

Público/Europa Press. (2009) "Revuelta laica ante la concesión de otra parcela al Opus Dei en Alcalá de Henares" publico.es [En línea]. Disponible en http://www.publico.es/actualidad/revuelta-laica-concesion-parcela-al.html [Fecha de consulta: 28 de diciembre de 2015].

Rada, Javier. (2015) "TTIP: El tratado secreto que negocian EEUU y Europa". 20minutos.es [En línea]. Disponible en http://www.20minutos.es/noticia/2361001/0/adelanto-ttip/libre-comercio/eeuu-europa [Fecha de consulta: 26 de diciembre de 2015].

Redacción. (2014) "¿Cuál es el papel de la Virgen del Rocío en la salida de la crisis?" laicismo.org [En línea]. Disponible https://laicismo.org/2014/cual-es-el-papel-de-la-virgen-del-rocio-en-la-salida-de-la-crisis-mejor-pregunta-parlamentaria-segun-la-asociacion-de-periodistas-parlamentarios/115690   [Fecha de consulta: 1 de enero de 2016].

Redacción central. (2009) "Ludolfo Paramio, el que llama "hijos de puta" a los periodistas". lavozdelsandinismo.com [En línea]. Disponible en http://www.lavozdelsandinismo.com/opinion/2009-06-23/ludolfo-paramio-el-que-llama-hijos-de-puta-a-los-periodistas [Fecha de consulta: 27 de diciembre de 2015].

Robla, Javier. (2015) "Cospedal bate el récord de deuda pública en la historia de Castilla-La Mancha" eldiario.es [En línea]. Disponible en http://www.eldiario.es/clm/Cospedal-publica-historia-Castilla-La-Mancha_0_366064008.html [Fecha de consulta: 31 de diciembre de 2015].

Robla, Javier. (2015) "Una sanidad recortada, privatizada y que se cae a 'techos', el legado de Cospedal" eldiario.es [En línea]. Disponible en http://www.eldiario.es/clm/sanidad-recortada-privatizada-Cospedal_0_390561039.html [Fecha de consulta: 31 de diciembre de 2015].

Rodríguez, Olga. (2013) "El presidente Chávez. ¿Presidente?" eldiario.es [En línea]. Disponible http://www.eldiario.es/zonacritica/presidente-Chavez-Presidente_6_108199183.html [Fecha de consulta: 1 de enero de 2016].

RTVE. (2009) "Los despropósitos del Yak-42" rtve.es [En línea]. Disponible http://www.rtve.es/noticias/20090324/despropositos-del-yak-42/25271.shtml [Fecha de consulta: 2 de enero de 2016].

Rubio, Mariela. (2008) "Esperanza Aguirre condecora al Opus Dei por su obra social en Madrid" cadenaser.com [En línea]. Disponible en http://cadenaser.com/ser/2008/05/03/espana/1209772211_850215.html [Fecha de consulta: 28 de diciembre de 2015].

Ruíz, Antonio. (2014) "Rajoy aborda la privatización de las últimas empresas públicas valiosas" eldiario.es [En línea]. Disponible en http://www.eldiario.es/economia/joyas-corona_0_291171090.html [Fecha de consulta: 31 de diciembre de 2015].

Ruíz, Javier. (2013) "Montoro endurece su control de la Agencia Tributaria: suma 310 ceses en 18 meses" vozpopuli.com [En línea]. Disponible en http://vozpopuli.com/economia-y-finanzas/33059-montoro-endurece-su-control-de-la-agencia-tributaria-suma-310-ceses-en-18-meses [Fecha de consulta: 30 de diciembre de 2015].

Ruíz, Mar. (2015) "Se buscan 50 diputados para frenar el expolio inmobiliario de la Iglesia". laicismo.org [En línea]. Disponible en https://laicismo.org/2015/se-buscan-50-diputados-para-frenar-el-expolio-inmobiliario-de-la-iglesia/121122 [Fecha de consulta: 27 de diciembre de 2015].

Ruíz Rico, Manuel. (2015) "Los socialistas se alían con la derecha europea y abren la puerta al blindaje de las empresas" publico.es [En línea]. Disponible en http://www.publico.es/internacional/socialistas-alian-derecha-europea-y.html [Fecha de consulta: 29 de diciembre de 2015].

Rusiñol, Pere. (2011) "Exejecutivos de Goldman Sachs copan instituciones clave en la crisis" publico.es [En línea]. Disponible en http://www.publico.es/actualidad/exejecutivos-goldman-sachs-copan-instituciones.html [Fecha de consulta: 30 de diciembre de 2015].

Rusiñol, Pere. (2012) "Los cazadores de Garzón". publico.es [En línea]. Disponible en http://www.publico.es/espana/cazadores-garzon.html [Fecha de consulta: 27 de diciembre de 2015].

San Martín, Melli. (2015) "Es como si estuviéramos en el Chile de Allende y no en Grecia". Diario Andaluces [En línea]. Disponible en http://www.andalucesdiario.es/ciudadanxs/es-como-si-estuvieramos-en-la-chile-de-allende-y-no-en-grecia [Fecha de consulta: 26 de diciembre de 2015].

Sánchez, Cristina. (2015) "Exclusiva: El Opus Dei un depredador de almas y dinero". elespiadigital.com [En línea]. Disponible en http://elespiadigital.com/index.php/tribuna-libre/8593-exclusiva-el-opus-dei-es-un-depredador-de-almas-y-dinero-el-pintor-espanol-exiliado-ramon-martinez-habla-de-su-dramatica-experiencia [Fecha de consulta: 26 de diciembre de 2015].

Sánchez, Cristina. (2014) "La cuarta planta de la Clínica Universitaria del Opus en Navarra bajo sospecha". elespiadigital.com [En línea]. Disponible en http://www.elespiadigital.com/index.php/tribuna-libre/4267-la-cuarta-planta-de-la-clinica-universitaria-del-opus-en-navarra-bajo-sospecha [Fecha de consulta: 26 de diciembre de 2015].

Sánchez, Pedro. (2012) "La Consejería gasta más dinero en dos colegios del Opus que en todos los públicos" elpajarito.es [En línea]. Disponible en http://elpajarito.es/sociedad/sociedad/educacion/2533-la-consejeria-gasta-mas-dinero-en-dos-colegios-del-opus-que-en-todos-los-publicos.html [Fecha de consulta: 28 de diciembre de 2015].

Segarra, David. (2004) "Múltiples testimonios implican al gobierno de Aznar en el apoyo al golpe de estado en Venezuela de 2002" rebelion.org [En línea]. Disponible http://www.rebelion.org/noticia.php?id=8976 [Fecha de consulta: 1 de enero de 2016].

Tercera Información. (2014) "El gobierno se niega a facilitar datos de los miles de propiedades inmatriculadas por la Iglesia desde 1998" tercerainformacion.es [En línea]. Disponible en http://www.tercerainformacion.es/spip.php?article78254 [Fecha de consulta: 30 de diciembre de 2015].

Tercera información. (2015) "Los países del ALBA condenan "enérgicamente" intentos golpistas en Ecuador" tercerainformacion.es [En línea]. Disponible http://www.tercerainformacion.es/spip.php?article90082 [Fecha de consulta: 1 de enero de 2016].

Toribio, Beatriz. (2012) "PP y PSOE se oponen a recortar las dietas por alojamiento de diputados y senadores" lainformacion.com [En línea]. Disponible http://noticias.lainformacion.com/espana/pp-y-psoe-se-oponen-a-recortar-las-dietas-por-alojamiento-de-diputados-y-senadores_BOVRgRSM34hD5EeOA0zFG2 [Fecha de consulta: 1 de enero de 2016].

Toro, Sandra. (2015) "Cada 15 días se suicida un Policía Nacional" gaceta.es [En línea]. Disponible en http://gaceta.es/noticias/suicidios-policia-nacional-tema-tabu-02032015-2021 [Fecha de consulta: 19 de abril de 2016].

Vara, J. Alejandro. (2013) "El juez Grande-Marlaska y la mujer de Conde Pumpido entre los vocales del nuevo CGPJ" vozpopuli.com [En línea]. Disponible en http://vozpopuli.com/actualidad/35092-el-juez-grande-marlaska-y-la-mujer-de-conde-pumpido-entre-los-vocales-del-nuevo-cgpj [Fecha de consulta: 31 de diciembre de 2015].

Varela, F. (2010) "Romay Beccaría: De vigilante a vigilado" publico.es [En línea]. Disponible en http://www.publico.es/espana/romay-beccaria-vigilante-vigilado.html [Fecha de consulta: 28 de diciembre de 2015].

Vázquez, Ángeles. (2012) "Marchena acusa por cohecho a Garzón mientras delibera si lo condena por la 'Gürtel'". publico.es [En línea]. Disponible en http://www.publico.es/espana/marchena-acusa-cohecho-garzon-delibera.html [Fecha de consulta: 27 de diciembre de 2015].

Vélez, Antonio. (2014) "Luxemburgo, refugio fiscal para grandes fortunas españolas y empresas del Ibex". eldiario.es [En línea]. Disponible en http://www.eldiario.es/economia/Luxemburgo-fortunas-espanolas-empresas-Ibex_0_321618897.html [Fecha de consulta: 26 de diciembre de 2015].

Vidal, J.M. y Olmedo, Ildefonso. (2015) "Santo Poder del Opus Dei" opuslibros.org [En línea]. Disponible en http://www.opuslibros.org/prensa/vidal_olmedo.htm [Fecha de consulta: 28 de diciembre de 2015].

Villa, Lucia. (2012) "El juez Santiago Vidal: "Un tercio del colectivo judicial es del Opus Dei"" publico.es [En línea]. Disponible http://www.publico.es/espana/juez-santiago-vidal-tercio-del.html [Fecha de consulta: 31 de diciembre de 2015].

Villanueva, José Carlos. (2013) "Rajoy se deshizo de la cúpula antifraude en plena investigación del caso Gürtel" eldiario.es [En línea]. Disponible en http://www.eldiario.es/politica/Rajoy-Gurtel-Gobierno-descabezo-ONIF_0_156434967.html [Fecha de consulta: 30 de diciembre de 2015].

Violet. (2015) "Protocolo herencias Opus Dei. ¡CUIDADO!" opuslibros.org [En línea]. Disponible en http://www.opuslibros.org/nuevaweb/modules.php?name=News&file=article&sid=23353 [Fecha de consulta: 30 de diciembre de 2015].

Weinberger, Sharon. (2007) "Mind Games" washingtonpost.com [En línea]. Disponible http://www.washingtonpost.com/wp-dyn/content/article/2007/01/10/AR2007011001399.html [Fecha de consulta: 1 de enero de 2016].

Wong, Nicanor. (2009) "Testamentos, herencias, cuidados maternales y la intención detrás" opuslibros.org [En línea]. Disponible en http://www.opuslibros.org/nuevaweb/modules.php?name=News&file=article&sid=15547 [Fecha de consulta: 30 de diciembre de 2015].

Yoldi, José. (2014) "Nuevos tiempos, viejas maneras". cuartopoder.es [En línea]. Disponible en http://www.cuartopoder.es/acotadeperiscopio/2014/02/24/nuevos-tiempos-viejas-maneras/373/373 [Fecha de consulta: 27 de diciembre de 2015].

Yvan de ExOpus. (2007) "El Fin Secreto Del Opus Dei". Web ExOpus [En línea]. Disponible en https://exopus.wordpress.com/libros/el-fin-secreto-del-opus-dei [Fecha de consulta: 26 de diciembre de 2015].

Yván de ExOpus. (2009) "Mentiras Y Falsas Justificaciones En El Opus Dei" Web ExOpus [En línea]. Disponible en https://exopus.wordpress.com/2009/01/09/mentiras-y-falsas-justificaciones [Fecha de consulta: 27 de diciembre de 2015].

Documentales:

Memoria del saqueo. (2003) Película documental. Dirigida por Pino Solanas. Argentina: Cinesur S.A

Una cruzada silenciosa. (2006) Película documental. Dirigida por Jean de Certeau, Marcela Said. Chile: Valparaiso producciones, TV5 Monde.

Programas de Radio y TV:

A Carlos Fabra le ha tocado la lotería 9 veces en 10 años. (2012) Programa de laSexta "Salvados" de Jordi Evole.

Control mental. El sueño dorado de los dueños del mundo. (2013) Programa de RT "Desde la sombra" de Daniel Estulin.

El Estado a los pies de la mafia. (2012) Programa de la Cadena Ser "La Ventana" de Juanjo Millás con Carlos Jiménez Villarejo

Entrevista a Agustina López de los Mozos Ex numeraria del Opus Dei. (2011) Programa de laSexta.com "El intermedio" de José Miguel Monzón.

La corrupción inmobiliaria del PP de Madrid al descubierto. (2015) Radio Gramsci con Lara Carrasco y José Luis Escobar conducidos por David Serquera.

Opus Dei. (1984) Programa de RTVE "La Clave" de José Luis Balbín.

¡Que Dios te lo pague! (2012) Programa de laSexta "Salvados" de Jordi Evole.

Documentos:

1) AIS (Atención e Investigación de Socioadicciones):
www.ais-info.org/sectas.html
2) Documentación de pruebas y querella contra Magistrados del Tribunal Supremo:
http://sectaopusdei.com/documentacion-de-pruebas
http://sectaopusdei.com/querella-contra-magistrados-del-tribunal-supremo
3) Documentación y sentencias sobre el caso del YAK-42:
http://yak42.net46.net

www.losgenoveses.net/Personajes%20Populares/trillo/fedetrilloaccidente.
html
4) El indulto del Día:
elindultodeldia.wordpress.com (recopilación de indultos
publicados en el BOE)
5) Documentos internos del Opus Dei:
www.opuslibros.org/documentos_internos.htm
6) Opus Dei Awareness Network, Inc. (ODAN):
www.odan.org
7) Opus-Info:
www.opus-info.org
8) Patentes de aparatos, tecnologías e información sobre
neurociencias:
http://www.google.com/patents/US4877027
http://www.google.com/patents/US4858612
http://www.mindcontrol.se
http://tech.blorge.com/category/bci
http://home.swipnet.se/allez/IntroEng.htm

www.freedomfightersforamerica.com/illegal_biomedical_implantation_nan
otech
9) Documentación sobre corrupción judicial:
http://contracorrupcion.org/informe-estadistico
www.losgenoveses.net/gurtel.htm

www.losgenoveses.net/Los%20Asuntillos/casonaseiro/naseiroindex.htm

10) Miembros del Opus Dei "emblemáticos" (solo algunos):

www.losgenoveses.net/Personajes%20Populares/trillo/fedetrilloindex.html

www.losgenoveses.net/Personajes%20Populares/Varios/cotino.html

www.losgenoveses.net/Personajes%20Populares/guindos/luisdeguindos.ht
ml

www.losgenoveses.net/Personajes%20Populares/Montoro/cristobaltontor
o.html

www.losgenoveses.net/Personajes%20Populares/anamato/anitamato.html

www.eldiario.es/politica/Desmontando-Jorge-Fernandez-
Diaz_0_357314959.html

www.diagonalperiodico.net/global/26498-zaplana-michavila-y-pique-angeles-del-pp-aznar.html

Documentación adicional

Esta documentación es una selección de la copia que recibí del Tribunal Superior de Justicia de Andalucía de todos los documentos incluidos en el procedimiento especial de antejuicio 1260/90, en el cual se incluyeron todas las acciones posteriores hasta el recurso de amparo en el Tribunal Constitucional. Estos documentos demuestran que la falta de seriedad y corrupción existente actualmente en Poder Judicial y el Ministerio Fiscal, controladas ambas instituciones por miembros o allegados del Opus Dei, existía ya en las postrimerías del siglo XX en España, pero esta corrupción nunca se hizo pública a causa del control de esta secta sobre los medios de comunicación.

1) Escrito de querella presentado contra magistrados del Tribunal Supremo.

2) Providencia que autoriza un internamiento, dejando de notificar la orden de internamiento al Ministerio Fiscal y a las partes, adoptando tan grave decisión la forma de providencia y no de auto, a pesar del irreparable perjuicio que producía -Art 245 LOPJ y 369 LEC- .

3) Declaración de mi madre confirmando que el certificado de domicilio que le daba aparente competencia al juez del Opus Dei era de contenido falso.

4) Informe de quien por entonces era fiscal del Tribunal Constitucional, Torres-Dulce, describiendo someramente la historia procesal de la causa de antejuicio 1800/90 de la sala segúnda del Tribunal Supremo, y desestimando la sostenibilidad del recurso de amparo. Se aprecia que se ignora tanto la querella contra los magistrados del Tribunal Supremo, como las evidencias sobre todas las vulneraciones de la ley que cometió el juez del Opus Dei y que venían probadas en la documentación aportada en el procedimiento.

5) Resolución del Tribunal Constitucional en la que se observa que no tiene pie de recurso, lugar a donde recurrir ni el plazo correspondiente.

6) Documento de últimas voluntades en el que se aprecia la falta de firma y sello.

Documento 1

3A3307966

A LA SALA ESPECIAL DEL ARTICULO 61 LOPJ

DON EMILIO LOPEZ LEIVA, Procurador designado de oficio para la representación de DON JOSE RAMON MARTINEZ ROBLES, cuyas circunstancias personales constan ya acreditadas en la causa especial de antejuicio 1800/90, acumulada a la nº 1.260/90 y promovida ante la Sala Segunda del Tribunal Supremo, comparezco y como mejor en derecho proceda digo:

Que interpongo querella de antejuicio contra los Excmºs.Sres. Magistrados de la Sala Segunda del Tribunal Supremo Don Enrique Ruiz Vadillo, Don Ramón Montero Fernández-Cid, y Don Gregorio García Ancos, por considerarlos autores de los posibles delitos de prevaricación tipificados y penados en los Arts 356 y 359 del Código Penal, basando la misma en los siguientes hechos y fundamentos de derecho:

HECHOS

PRIMERO.- Solicitado de forma reiterada por la madre del querellante el internamiento de éste en un centro psiquiátrico, no fué acordado el mismo por el Juzgado de Orgiva (Granada): "*porque los motivos alegados no eran justificados*", según reconociera expresamente el titular de dicho órgano jurisdiccional en documento obrante en autos y que se acompaña señalado de nº 1 para una más fácil demostración de cuanto exponemos.

Ante tal negativa, la madre se desplaza a Granada capital, se entrevista con el Magistrado-Juez Don José María Capilla Ruiz-Coello y de común acuerdo, llevan a cabo impunemente, la mayor agresión que pueda cometerse contra un ser humano en

ADMINISTRACION
DE JUSTICIA

nuestro Estado de Derecho: " Su ingreso en un manicomio, sin respetarse los requisitos legales existentes para la adopción de tan grave medida". Tal flagrante violación del derecho fundamental a la libertad se produjo, por la vulneración dolosa de todas las leyes procesales y sustantivas de nuestro Ordenamiento Jurídico; la impunidad del Juez se consiguió, inicialmente, por la colaboración activa u omisiva de cuantas personas conocieron, cooperaron y permitieron tamaña ilegalidad y posteriormente, por la ilicita pasividad de los miembros de la judicatura que venian obligados a sancionar tal criminal proceder en su compañero y no "a perdonarlo", como han hecho, anulando con ello ese poder de castigar, transpersonalista y superior del Estado y desvirtuando toda la razón de ser de nuestro vigente sistema penal, por esa particular y arbitraria disposición del ius puniendi por parte de los Magistrados.

SEGUNDO.- En cuanto a la conducta penalmente relevante del Magistrado-Juez Sr. Capilla, basta para evidenciarla con reseñar las conculcaciones habidas:

De leyes formales:
1) Incoando un incidente de incapacitación a pesar de su absoluta falta de competencia, que venia determinada por el domicilio del presunto incapaz -regla primera del Art 63 de la Ley de Enjuiciamiento Civil- y que no era el de Granada capital, como explícitamente reconociera la propia madre en su declaración -documento nº 2-, sino el de Orgiva según aparece meridianamente claro de la certificación emitida por el Ayuntamiento de dicha localidad, que consta en autos y aportamos no obstante bajo documento nº 3.

2) Omitiendo con casi toda seguridad el obligado reparto del procedimiento entre los Juzgados de Primera Instancia e

166

3A3307964

Instrucción de Granada y simulando muy probablemente haberlo efectuado para quedarse con el mismo y conseguir el fin previsto, como se desprende del testimonio de la madre:" *Que se entrevistó con el Sr. Juez - un solo Juez- le hicieron entrega en mano de la orden de ingreso de su hijo, indicándole que la llevase al clínico"*

3) Dando validez indebida a la fotocopia del certificado médico que se dice aportada por la madre -Art 504 de la Ley de Enjuiciamiento Civil-, presentándose su original, 16 meses después de decretarse el ingreso , -documento nº 4-.

4) Dejando de notificar la orden de internamiento al Ministerio Fiscal y a las partes, adoptando tan grave decisión la forma de providencia y no de auto, a pesar del irreparable perjuicio que producía -Art 245 LOPJ y 369 LEC-.

De leyes materiales:
1) Autorizando el Magistrado-Juez Sr. Capilla el internamiento, sin ni siquiera llegar a ver al Sr.Martinez Robles, cuando la Ley le exigía examinar con caracter previo al presunto incapaz -Art 211 del Código Civil-, incumplimiento que quedaba puesto de manifiesto por la madre en su declaración:"*Que le indicó al Juez* -después de tener en su poder la orden de ingreso-, *que su hijo llegaba ese mismo día en autocar desde Madrid."*

2) Omitiendo el preceptivo dictamen facultativo, a efectuarse con anterioridad a decretar el internamiento -Art 211 del Código Civil-, de tanta transcendencia por la materia psiquiátrica de que se trataba y por la falta del examen del presunto incapaz por parte del propio Juez, como se ha demostrado.

167.

3) <u>Sin recabar información del centro psiquiátrico sobre la necesidad de proseguir el internamiento</u>,-Art 211 Código Civil-, evidenciando con ello el mayor de los desprecios hacia el interno y propiciando con tal desinterés su total aniquilamiento psíquico y físico, quien llega a ser incluso dado de alta, sin la preceptiva orden del Juez que acordara su ingreso.

TERCERO.- Denunciado el proceder del Magistrado-Juez Don José Maria Capilla Ruiz-Coello, posible autor de los delitos de prevaricación y detención ilegal, los Magistrados del Tribunal Superior de Justicia de Andalucia, Sres. Márquez Aranda, Lázaro Guil y Puya Jimenez, <u>pese a constarles que su compañero había quebrantado el mandato legal instituido precisamente en garantía de prevención de abusos y maquinaciones</u> -STS 20/2/1989-, desestiman la querella de antejuicio, cometiendo con ello sendos delitos de prevaricación tipificados y penados en los Arts 356 y 359 del Código Penal <u>y siendo por tal motivo denunciados ante la Sala Segunda del Tribunal Supremo</u>, compuesta por los Excmos. Sres. <u>Don Enrique Ruiz Vadillo, Don Ramón Montero Fernández Cid y Don Gregorio García Ancos</u> ,quienes la archivan, como viene siendo norma habitual, a pesar de constarles que los componentes del TSJA, para exonerar de responsabilidad penal a su compañero, el Magistrado-Juez del Juzgado de Primera Instancia e Instrucción nº 4 de Granada Don José Maria Capilla Ruiz Coello, dolosamente hicieron constar en su resolución, reputada prevaricadora:

1) " *la madre del querellante comparece ante el juzgado Decano de Granada. Por reparto corresponde el asunto al Juzgado de Primera Instancia nº 4...*" pretendiendo hacer creer que se trataba de dos órganos jurisdiccionales distintos, cuando todo lo llevó a cabo ¡y <u>en escasos minutos</u>!, un solo Juez.

165·

3A3307962

2) *"el ingreso se produce como procedente de urgencia externa"*, cuando lo cierto fué, según recoge el propio parte médico que: *"el paciente le es remitido por el Juzgado nº 4 para internamiento"*. Se adjunta el mismo como documento nº 5-, para mostrar la auténtica verdad ocultada maliciosamente por la Sala de lo Civil y Penal del TSJA.

CUARTO.-Lo anteriormente expuesto, se agrava sobremanera cuando los Magistrados del Tribunal Supremo, hoy querellados, perfectos conocedores del terror padecido por José Ramón Martinez Robles, de la impunidad del Juez que diera lugar al mismo y a los efectos de conseguir la de los Magistrados del TSJA que ampararon su ilegal proceder, se atrevieron a plasmar en su resolución:

"No se describe fácticamente comportamiento alguno posiblemente constitutivo del tipo penal de prevaricación, sino simples alegaciones de signo hermenéutico sobre el alcance de una norma de carácter civil fundada en la urgencia de su adopción...", frase ésta, única que resume lo sucedido y que pasará a engrosar la Colección Legislativa por la que las generaciones venideras deducirán que no existían jueces corruptos en nuestra época sino querellantes insatisfechos y temerarios, ante las siempre correctas actuaciones de los componentes del Poder Judicial.

Solo un inciso más. La aplicación de la norma -según los Magistrados querellados-, venía fundada: *"por la urgencia de su adopción y por ello solo precisada de periculum mora, apreciado por principio de prueba..."*, prueba ésta que exclusivamente consistió en la declaración de la madre, quien manifestara, <u>cuando su hijo estaba presto a sufrir tamaña agresión ilegítima</u>: *"que al llegar su hijo de Madrid llegó normal"*, normalidad corroborada en la primera entrevista hecha al interno en el centro hospitalario: *"no deduciéndose transtornos psicopatológicos de interés"*, -documento nº 6-, pero

3A3307961

eso sí, preocupa y mucho a los Altos Miembros del Tribunal
Supremo, que se mancille el honor de un Magistrado por
denuncias faltas de fundamento y de ahí que acordaran "a
limine" su inadmisión. Excelencias, una vez más: In iudiciis
non est acceptio personarum habenda.

FUNDAMENTOS DE DERECHO

I

Es competente esa Sala Especial para conocer de la presente
querella de antejuicio promovida contra el Presidente y
Magistrados de la Sala Segunda del Tribunal Supremo
relacionados, a tenor de lo preceptuado en el Art 61.4 de la
Ley Orgánica del Poder Judicial.

II

Se considera que la conducta de los Magistrados querellados
puede ser constitutiva de los delitos de prevaricación
descritos en los Arts 356 y 359 del Código Penal, al dejar
a medio de supuestos autos injustos y dictado a sabienndas
-los que se adjuntan bajo cuerpo nº 7- maliciosamente de
promover la persecución y castigo de sus compañeros de la
Sala de lo Civil y Penal del Tribunal Superior de Justicia
de Andalucía, quienes, con su conducta omisiva dejaron impune
a su vez la del Magistrado Don José María Capilla Ruiz
Coello, a pesar de los flagrantes delitos cometidos por el
mismo y atentatorios contra el primer valor superior de
nuestro ordenamiento jurídico, "la libertad", enormemente
agravado todo ello por la forma en que se viera privado de
la misma el querellante: Con el quebrantamiento de todas las
garantías y derechos fundamentales por parte de quienes
tienen, precisamente la obligación de imponerlas.

3A3307960

En su virtud,

SUPLICO A ESA SALA:

Que por presentado éste escrito, con los documentos unidos al mismo, se sirva admitirlo y tener por promovida querella de antejuicio contra los Excmos. Sres. Magistrados de la Sala Segunda del Tribunal Supremo, Don Enrique Ruiz Vadillo, Don Ramón Montero Fernández-Cid y Don Gregorio García Ancos, por los supuestos delitos de prevaricación tipificados en los Arts 356 y 359 del Código Penal y trás la práctica de la prueba que en el primer otrosi se solicita y demás trámites procesales acceda a la petición de incoar la oportuna causa penal para la persecución y castigo de los hechos denunciados.

OTROSI PRIMERO DIGO:

Que ésta parte interesa se libren las correspondientes cartas Ordenes al Juzgado de Primera Instancia nº 4 de Granada, a la Sala de lo Civil y Penal del TSJA y a la Sala Segunda del Tribunal Supremo para que, respectivamente, expidan y remitan testimonio de los autos 683/1.988, Procedimiento de antejuicio 1/90 y Causa especial 1.800/90.

En su virtud,

SUPLICO A ESA SALA:

Tener por interesada la prueba documental y consistente en unir a la causa los testimonios de los procesos reseñados, acordando su admisión y disponiendo lo necesario para su cumplimiento.

Documento 2

JUZGADO DE 1.ª INSTANCIA
NÚMERO CUATRO

GRANADA

1H 3229724

El Secretario don JUAN MARIA MAZUELOS TAMARIZ formula
la siguiente propuesta de

PROVIDENCIA

Por repartido a este Juzgado el anterior escrito,
incóese el correspondiente expediente de jurisdicción
voluntaria, regístrese.

Líbrese comunicación al Sr. Director de HOSPITAL
CLINICO DE GRANADA
para el ingreso de D. JOSE RAMON MARTINEZ ROBLES

Interésese de dicho Centro, se informe a este Juzgado y previo su reconocimiento y observación; sobre el
el estado físico y psíquico de dicho interno, y si le im-
piden gobernarse por sí mismo.

Notifíquese a las personas determinadas en el artículo 202 del Código Civil, que a ellos corresponde promover la declaración de incapacidad, en su caso.

Contra esta resolución podrá interponerse recurso
de reposición dentro del término de tres días, desde su
notificación, ante este mismo Juzgado.

Granada, a veintidos de Junio de
mil novecientos ochenta y ocho

El Secretario

Conforme;
El Magistrado Juez.

Diligencia.- Seguidamente se cumple lo mandado. Doy fe.

Documento 3

DECLARACION de ..Josefa· ROBLES NOGUEROL.............

En la Ciudad de Granada a catorce de maYO de mil novecientos sesenta noventa.-

Estando celebrando audiencia pública el Iltmo.Sr.Magistrado Instructor,asistido del Secretario,comparece el **TESTIGO** del margen a quien S.Sª Iltma.advierte de la obligación de ser veraz y de las penas señaladas al delito de falso testimonio,recibiéndole juramento,que prestó en legal forma ,y preguntado manifiesta.:Ser y llamarse cómo se expresa al margen con D.I. 23.339.968 del que resulta ser hijo de José y de Josefa natural de Dúrcal vecino de Orgiva, c/Ramón y Cajal, 5 de estado casada de profesión u oficio Profesora EGB nacido el día 9-VIII-30 con instrucción y que ha sido procesado,no comprendiéndole las demás circunstancias del art.436 de la Ley de Enjuiciamiento Criminal.

Asiste al acto la Procuradora Dña. María J. Masats y la Ldo. Dña. Rosa Fornovi.-

- - - Se le hace saber que en su condición de madre del querellante no tiene obligación de declarar en su contra, y jura que declarará la verdad de todo.

Instruido de conformidad con el art.446 de la citada Ley e interrogado convenientemente,dice.:

Que el 22 de junio de 1.988 compareció ante el Juzgado solicitando que se adoptaran las medidas oportunas para internamiento de su hijo, y ello porque el día anterior había mantenido una conversación telefónica con el mismo desde Madrid o alcalá de Henares, y tras dicha conversación vió en peligro la vida de su hijo, porque en su opinión se encontraba muy bebido, dada la forma en que se expresaba.

Como la declarante tenía constancia de que según el servicio de Psiquiatría del Ejército del Aire su hijo estaba diagnosticado de personalidad psicopática unida al consumo excesivo de alcohol, presentó en el Juzgado una fotocopia del didgo, de un certificado médico oficial que en este acto presenta, en el que consta que su hijo había sido diagnosticado de los citados trastornos psicopáticos a que antes se ha hecho referencia. A continuación se entrevistó con el Sr. Juez, le hicieron entrega en mano de la orden de ingreso de su hijo, y se le dijo que la llevase al Clínico, indicándole la declarante antes de marcharse que ese mismo día llegaba su hijo en autocar desde Madrid, añadiendo que aunque en principio se había señalado la parada de autobús para que pudiera ser localiza-

94.

3A3307762

posteriormente pensó que ese sitio no era el idóneo y llamó al Clínico indicándoles que se dirigieran al domicilio de su cuñada Salud Fernández Palacios, con domicilio en Av. Madrid, 18, callejón 2ª, nº3.

Preguntada si con anterioridad al 22 de junio de 1988 la dicente había solicitado el internamiento de su hijo en centro psiquiátrico, manifiesta que no.

Que su hijo no ha vivido nunca en calle Primavera.

Que la declarante pensaba que su hijo era un alcohólico.

Que al llegar su hijo de Madrid llegó normal, si bien con mucho sueño y mala cara.

Se incorpora fotocopia de oficio de la Junta Municipal de Reclutamiento por el que se declara excluido a su hijo.

Que su hermana no comparecido dado que está con una pierna accidentada, y solicita que no se le reciba declaración como tampoco a su marido Tomàs Restoy, dado que el objeto de sus preguntas iba persiguiendo conocer si el querellante había tenido la residencia en el domicilio de dichos testigos, a lo que no se opone la Sra. Letrado aquí presente quien renuncia a dicha prueba, por entender que la testigo ha contestado a los extremos sobre los que quería que se interrogase a los otros dos testigos.

Leída la presente, se afirma y ratifica, firmando en prueba de ello con S.Sª doy fè.-

Documento 4

Informe de quien por entonces era fiscal del Tribunal Constitucional, Torres-Dulce, describiendo someramente la historia procesal de la causa de antejuicio 1800/90 de la sala segúnda del Tribunal Supremo, y desestimando la sostenibilidad del recurso de amparo. Se aprecia que se ignora tanto la querella contra los magistrados del Tribunal Supremo, como las evidencias sobre todas las vulneraciones de la ley que cometió el juez del Opus Dei y que venían probadas en la documentación aportada en el procedimiento.

M.H.Z.

Fiscalía nº 2469/93

T.C. nº 2245/93

A LA SALA SEGUNDA DEL TRIBUNAL CONSTITUCIONAL

EL FISCAL ANTE EL TRIBUNAL CONSTITUCIONAL, en el recurso de amparo con nº de registro 2245/93, promovido por D. JOSE RAMON MARTINEZ ROBLES, contra Auto de la Sala Segunda del Tribunal Supremo por el que se inadmite a trámite recurso de súplica contra el dictado por la misma Sala inadmitiendo recurso de apelación contra el dictado por el Tribunal Superior de Justicia de Andalucía que no admitió a trámite querella antejuicio contra Juez, evacuando el traslado que le ha sido conferido a efectos de lo prevenido en el art. 39 LEC y, en su caso, del art. 46.1.b) LOTC, **D I C E:**

1.- El origen último de las presentes actuaciones entendemos que debe centrarse en lo dispuesto en el Auto dictado por la Sala Segunda del Tribunal Supremo el pasado 23 de octubre de 1991 y en el que en relación con dos pretensiones procesales diferenciadas que interesaba D. José Ramón Robles, resolvió de esta guisa:

"No ha lugar a admitir a trámite el recurso de apelación contra Auto del Tribunal Superior de Justicia de Andalucía que no admitió a trámite la querella de antejuicio contra el Ilmo. Sr. Juez de Primera Instancia nº 4 de Granada,

0 0507218

recurso que dió lugar a la incoación de la Causa Especial nº 1260/90 de esta Sala" (...).

"Tampoco ha lugar a la admisión a trámite de la querella origen de la Causa Especial acumulada a la precedente, numerada como 1800/90 de esta Sala, por estimarse que los hechos relatados en la misma no son constitutivos de delito".

El Sr. Martinez Robles pretendió recurrir en súplica dicho Auto, sin embargo por parte del Letrado que le representaba, escrito de fecha 7 de noviembre de 1991, no se encontró motivo alguno para su interposición. Comoquiera que ante dicha negativa de su Letrado el Sr. Martinez Robles ratificara su propósito de recurrir, la Sala Segunda le designó un nuevo Letrado que tampoco encontró motivos para poder interponer el mentado Recurso de Súplica. De igual manera el Ministerio Fiscal entendió inviable el recurso de Súplica en dictamen emitido el 16 de marzo de 1993.

La Sala Segunda en Auto de 15 de junio de 1993 acordó que no había lugar a admitir a trámite el Recurso de Súplica.

2.- De lo anterior se desprende que es evidente que el posible alcance del amparo que se pretende debe circunscribirse a la posible vulneración del art. 24.1 C.E. y por extensión a los derechos fundamentales de defensa, acceso al sistema de recursos y a no padecer indefensión.

De un lado, y ya lo advierte el informe del Colegio de Abogados, la Sala Segunda del Tribunal Supremo ha obviado

O 0507220

un posible trámite procesal, ya que tras haber rechazado dos Letrados de oficio la posible interposición del mentado recurso de Súplica, y de hacerlo en el mismo sentido el Ministerio Fiscal y la Sala debió conferirle al Sr. Martinez Robles la posibilidad de que designara a su cargo un Letrado que dedujera el citado recurso. Ello está prevenido en el art. 876 LECr. modificado precisamente al compás e indicación de la jurisprudencia del esta Tribunal Constitucional en la STC 37/88.

De otro lado el Colegio de Abogados entiende que dicha quiebra no tendría repercusión constitucional real, ya que in fine el Auto de 15 de junio de 1993 salvó la posible indefensión advirtiendo de que aunque se hubiera interpuesto el recurso éste hubiese sido desestimado.

"Ya que nada nuevo se alega por el denunciante en sus escritos que no fuera tenido en consideración por esta Sala al dictar la resolución inicial".

Con este razonamiento la Sala habría extendido su función más allá de su indicación admisora o inadmisora del recurso, y habría anticipado la resolución desestimatoria que hubiera merecido la pretensión de fondo del actor.

Todo ello lleva a este Ministerio Fiscal a entender que la cuestión de fondo imputada, que no es otra que la indefensión del Sr. Martinez Robles, queda cubierta por ese razonamiento de la Sala Segunda del Tribunal Supremo.

TRIBUNAL
CONSTITUCIONAL

0 0507222

3.- Por todo lo anterior este Ministerio Fiscal entiende que no resulta sostenible la acción de amparo que pretende D. José Ramón Martinez Robles.

Madrid, 21 de Abril de 1.994

EL FISCAL

Fdo.: Eduardo Torres-Dulce Lifante.

—Papel de Oficio— UNE A-4

Documento 5

Resolución del Tribunal Constitucional en la que se observa que no tiene pie de recurso, lugar a donde recurrir ni el plazo correspondiente.

M   O 0562521

TRIBUNAL
CONSTITUCIONAL

SALA SEGUNDA

RECURSO NUM. 2245/93

Sección Tercera

EXCMOS. SRES.:
López Guerra
Díaz Eimil
González Campos

ASUNTO: Amparo promovido por
DON JOSE RAMON MARTINEZ RO-
BLES.

SOBRE: Auto de la Sala Segunda del Tribunal Supremo
por el que se inadmite a trámite recurso de súplica contra el dictado por la misma
Sala inadmitiendo recurso de
apelación contra el dictado
por el Tribunal Superior de
Justicia de Andalucia que no
admitió a trámite querella
antejuicio contra Juez.

La Sección, en el asunto de referencia, acuerda, de conformidad con lo prevenido en el art. 50.5 de la Ley Orgánica
del Tribunal Constitucional, según la redacción dada por la Ley
Orgánica 6/1988, de 9 de junio, la inadmisión del recurso al no
haberse subsanado la falta de postulación dentro del plazo establecido en el art. 85.2 de dicha Ley.

En efecto, el recurrente, después de que el Abogado que
le fue nombrado a su instancia de oficio, el Consejo General de
la Abogacía y el Ministerio Fiscal hubieran informado desfavo-
rablemente sobre el mantenimiento de su acción, no ha atendido
el requerimiento efectuado en providencia de veintiocho de
abril pasado para su personación en el plazo de diez días, mediante Procurador y con asistencia de Letrado designados a su
costa, incumpliendo definitivamente la exigencia impuesta por
el art. 81.1 de la LOTC.

No dándose recurso contra la presente providencia,
archívense estas actuaciones.

Madrid, veintisiete de junio de mil novecientos noventa
y cuatro.

Lo que se notifica a Vd. por medio de la presente

EL SECRETARIO DE JUSTICIA

- 7 OCT. 1994

4075

DON JOSE RAMON MARTINEZ ROBLES
Ribera del violón, 11, 1º
GRANADA

Papel de Oficio — UNE A-4

221

Documento 6

Documento de últimas voluntades en el que se aprecia la falta de firma y sello.

MINISTERIO DE JUSTICIA	DIRECCIÓN GENERAL DE LOS REGISTROS Y DEL NOTARIADO SUBDIRECCIÓN GENERAL DEL NOTARIADO Y DE LOS REGISTROS	REGISTRO GENERAL DE ACTOS DE ÚLTIMA VOLUNTAD Correo: c/ San Bernardo, 45 Ventanilla: Plaza Jacinto Benavente, 3 Tfnos: 913 902 000 / 902 007 214

CERTIFICACIÓN   Serie MR1   ST   29/05/2012 Página 1

Esta certificación carece de validez si presenta cualquier tipo de raspadura, enmienda o tachadura.

Primer apellido del causante: MARTINEZ	Segundo apellido del causante: POZO	Nombre: RAMON
Fecha de nacimiento: 13.10.1930	Lugar de nacimiento: TIJOLA	Provincia (o Estado): ALMERIA
Nombre del padre: ABELARDO	Nombre de la madre: DOLORES	Fecha de defunción: 03.05.2012

Sexo: HOMBRE	Estado civil: CASADO	Apellidos y nombre del cónyuge: ROBLES NOGUEROL, JOSEFA

Consultados los antecedentes del Registro por el funcionario correspondiente, resulta que la persona arriba expresada **NO OTORGÓ TESTAMENTO.**

FIN DE LA CERTIFICACION

MADRID   , FECHA DEL SELLO DE LA OFICINA V°B°) EL DIRECTOR GENERAL   EL JEFE DEL REGISTRO

POR DELEGACIÓN DE FIRMA

ES...

«Si no estáis prevenidos ante los Medios de Comunicación, os harán amar al opresor y odiar al oprimido».

Malcolm X

SOBRE EL AUTOR

José Ramón Martínez Robles nació en Granada (España) en 1959. En el año 1995 se vio obligado a exiliarse por razones que se exponen en este libro. Eligió Suecia, país donde reside desde 1995. En la actualidad es profesor sueco de enseñanza secundaria, legitimado para ejercer la docencia en las asignaturas de español y matemáticas. Desde el año 2005 trabaja en arte digital y sus obras pueden apreciarse en fineartamerica.com.